Grob / Everding · Finanzmathematik mit dem PC

Heinz Lothar Grob / Dominik Everding

Finanzmathematik
mit dem PC

GABLER

Prof. Dr. Heinz Lothar Grob ist Lehrstuhlinhaber am Institut für Wirtschaftsinformatik an der Wirtschaftswissenschaftlichen Fakultät der Universität Münster.

Dipl.-Kfm. Dominik Everding ist wissenschaftlicher Mitarbeiter am Institut für Wirtschaftsinformatik.

Programm: cand. rer. pol. Jürgen Lepkes, Studentischer Miarbeiter am Institut für Wirtschaftsinformatik.

Die Deutsche Bibliothek – CIP-Einheitsaufnahme

Grob, Heinz Lothar:
Finanzmathematik mit dem PC / Heinz Lothar Grob ;
Dominik Everding. - Wiesbaden : Gabler, 1992

NE: Everding, Dominik:

Der Gabler Verlag ist ein Unternehmen der Verlagsgruppe Bertelsmann International.
© Betriebswirtschaftlicher Verlag Dr. Th. Gabler GmbH, Wiesbaden 1992
Lektorat: Dr. Reinhold Roski
Softcover reprint of the hardcover 1st edition 1992

Das Werk einschließlich aller seiner Teile ist urheberrechtlich geschützt. Jede Verwertung außerhalb der engen Grenzen des Urheberrechtsgesetzes ist ohne Zustimmung des Verlages unzulässig und strafbar. Das gilt insbesondere für Vervielfältigungen, Übersetzungen, Mikroverfilmungen und die Einspeicherung und Verarbeitung in elektronischen Systemen.

Die inhaltliche und technische Qualität unserer Produkte ist unser Ziel. Bei der Produktion und Auslieferung unserer Bücher wollen wir die Umwelt schonen: Dieses Buch ist auf säurefreiem und chlorfrei gebleichtem Papier gedruckt. Die Buchverpackung Polyäthylen besteht aus organischen Grundstoffen, die weder bei der Herstellung noch bei der Verbrennung Schadstoffe freisetzen. Transporte und Entsorgung von Verpackungen der Gesamtauflage (Paletten, Kartonagen, Bandeisen) werden nach den neuesten Erkenntnissen der Logistik und des Recycling durchgeführt.

Die Wiedergabe von Gebrauchsnamen, Handelsnamen, Warenbezeichnungen usw. in diesem Werk berechtigt auch ohne besondere Kennzeichnung nicht zu der Annahme, daß solche Namen im Sinne der Warenzeichen- und Markenschutz-Gesetzgebung als frei zu betrachten wären und daher von jedermann benutzt werden dürften.

ISBN-13:978-3-322-84568-9   e-ISBN-13:978-3-322-84567-2
DOI: 10.1007/978-3-322-84567-2

Vorwort

Finanzmathematik ist ein fester Bestandteil des wirtschaftswissenschaftlichen Grundlagenstoffs. Ein neuer Impuls für die Beschäftigung mit diesem traditionsreichen Gebiet dürfte von der zunehmenden Verbreitung des Personal Computers ausgehen. Ziel des vorliegendes Buches ist, in die Grundzüge der Finanzmathematik einzuführen und dabei die Werkzeugfunktion des Personal Computers in den Mittelpunkt zu stellen.

Das Buch enthält als Anlage eine Diskette mit dem Softwareprodukt **fima**, das als Computer Assisted Learning (CAL) - Programm konzipiert wurde. CAL ist durch eine wohlstrukturierte Aufgaben- und Werkzeugumgebung gekennzeichnet. Die finanzmathematischen Aufgaben sind in jedem Menüpunkt abrufbar und ermöglichen Berechnungsexperimente mit dem Werkzeug **fima**.

Für den Einsatz in der Praxis ist das Softwareprodukt **fima** als Modul eines Entscheidungsunterstützungssystems im Finanzbereich anzusehen. Die Herleitung finanzmathematischer Formeln und ihre Verknüpfung dürfte aus Sicht der Praxis nicht relevant sein, da dort die Anwendungsorientierung im Vordergrund steht. Anders stellt sich die Situation für Studenten der Wirtschaftswissenschaften dar. Kenntnisse über finanzmathematische Methoden gehören zum Standardstoff des Grundstudiums. Diesem Lernziel versuchen wir in unserem Buch gerecht zu werden, da dort die formalen Grundlagen zu den in **fima** enthaltenen Methoden ausführlich dargestellt werden.

Der Aufbau jedes Kapitels unserer Einführung ist dreistufig: Nach der Darstellung der finanzmathematischen *Methode* wird ein einfaches Beispiel in konventioneller Form ("manuell") und PC-gestützt ("**fima** - Lösung") dokumentiert. Damit soll erreicht werden, anstelle einer "oberflächlichen" Anwendung von **fima** eine Benutzung mit finanzmathematischem Hintergrundwissen zu ermöglichen. Zu diesem Zweck war es notwendig, zunächst Folgen und Reihen als elementare finanzmathematische Bausteine vorzustellen. Diese bilden die Grundlage für die Ausführungen über Abschreibungen, Zinsrechnung, Investitionsrechnung, Rentenrechnung, Tilgungsrechnung, Berechnung von Kursen und Renditen sowie zur Bestimmung finanzmathematischer Faktoren.

Bei unseren **fima**-Projektmitarbeitern möchten wir uns herzlich bedanken, vor allem bei Herrn cand. rer. pol. Jürgen Lepkes, der das Programm erstellt hat. Für die redaktionelle Betreuung des vorliegenden Buches danken wir Frau cand. rer. nat. Barbara Thiesemann. Dem Lektor des Gabler-Verlags, Herrn Dr. Roski, gilt unser Dank für die konstruktive Zusammenarbeit.

Heinz Lothar Grob   *Dominik Everding*

Inhaltsverzeichnis

1. Das PC- Programm fima 1
   1.1 Kurzbeschreibung 1
   1.2 Die erste Sitzung 3

2. Die Grundlage finanzmathematischer Methoden:
   Folgen und Reihen 6
   2.1 Definition und Klassifikation 6
       2.1.1 Folgen 6
       2.1.2 Reihen 7
   2.2 Finanzmathematisch wichtige Folgen und Reihen 7
       2.2.1 Die arithmetische Folge 7
       2.2.2 Die arithmetische Reihe 10
       2.2.3 Die geometrische Folge 13
       2.2.4 Die geometrische Reihe 16

3. Abschreibungen 20
   3.1 Lineare Abschreibung 21
   3.2 Arithmetisch - degressive Abschreibung 24
       3.2.1 Die digitale Abschreibung 25
       3.2.2 Der allgemeine Fall 30
   3.3 Geometrisch - degressive Abschreibung 36

4. Zinsrechnung 43
   4.1 Jährliche Verzinsung 43
       4.1.1 Jährliche Verzinsung mit einfache Zinsen 43
       4.1.2 Jährliche Verzinsung mit Zinseszinsen 45
       4.1.3 Jährliche Verzinsung mit gemischten Zinsen 47
   4.2 Unterjährige Verzinsung 50

	4.2.1	Unterjährige Verzinsung mit einfache Zinsen	55
	4.2.2	Unterjährige Verzinsung mit Zinseszinsen	58
	4.2.3	Unterjährige Verzinsung mit gemischten Zinsen	60
4.3	Stetige Verzinsung	63
4.4	Berechnung von Zinssätzen	67

5. Investitionsrechnung 68
   5.1 Der generelle klassische Zielwert: Der Gegenwartswert 69
   5.2 Spezielle klassische Zielwerte 72

6. Rentenrechnung 86
   6.1 Endliche Rente 86
      6.1.1 Vorschüssige endliche Rente 86
      6.1.2 Nachschüssige endliche Rente 91
   6.2 Ewige Rente 94
      6.2.1 Vorschüssige ewige Rente 95
      6.2.2 Nachschüssige ewige Rente 97

7. Tilgungsrechnung 100
   7.1 Ratentilgung 100
   7.2 Annuitätentilgung 105

8. Kurs und Rendite 110
   8.1 Zinsschuld 111
   8.2 Ratenschuld 115
   8.3 Annuitätenschuld 119

9. Finanzmathematische Faktoren 122
   9.1 Aufzinsungs- und Abzinsungsfaktoren 122
   9.2 Rentenbarwert-, Rentenendwert-, Annuitätenfaktoren 123

Anhang I : Formelsammlung 125

Anhang II : Bedienung von fima.. 137

Symbolverzeichnis 154

Literaturverzeichnis... 157

Sachverzeichnis... 158

1. Das PC-Programm fima

1.1 Kurzbeschreibung[1]

Das PC-Programm **fima** stellt ein Anwendungsprogramm dar, das grundlegende finanzmathematische Methoden zu folgenden Teilgebieten enthält:

      Folgen und Reihen,
      Abschreibungen,
      Zinsrechnung,
      Investitionsrechnung,
      Rentenrechnung,
      Tilgungsrechnung,
      Berechnung von Kursen und Renditen,
      finanzmathematische Faktoren.

Das PC-Programm **fima** ist vollständig menü- und maskengesteuert. Für den Benutzer werden während des Dialogs Informationen über Programmbedienung, über die Nutzung der Methode und über aufgetretene Fehler zur Verfügung gestellt.

Die Benutzerführung erfolgt über eine hierarchische Menüsteuerung. Dabei werden die gewünschten Befehlsebenen über Menüleisten und Pull-Down-Menüs angesteuert. Um eine zügige Methodenauswahl zu gewährleisten, wurde das Menü auf drei Hierarchiestufen begrenzt. Auf der ersten Stufe der Hierarchie - der Hauptmenü-Leiste - ist das gewünschte Themengebiet auszuwählen. Die zweite und dritte Stufe führen dann zur angestrebten Methode. Die Auswahl erfolgt mit Hilfe der Cursortasten oder durch die Benutzung von Tastenschlüsseln. Durch die Tastenkombination

          [alt] + [hervorgehobener Buchstabe]
bzw.   [hervorgehobener Buchstabe]

---

[1] Eine ausführliche Beschreibung der Bedienung von **fima** ist als Anhang dokumentiert worden.

können die jeweiligen Menüpunkte auch direkt angesprochen werden. Die Speicherung der Position der Auswahlbalken beim Schließen der Pull-Down-Menüs erleichtert den Wechsel von Methoden und das Wiederauffinden bereits verlassener Programmteile.

fima wurde für den Einsatz auf IBM - kompatiblen Personal Computern entwickelt. Zur besseren Nutzung des Programms wird der Gebrauch einer Festplatte empfohlen. Das Programm unterstützt den Einsatz von monochromen Bildschirmkarten sowie CGA-, EGA- und VGA-Farbgrafikkarten. Über die parallele Schnittstelle kann ein Drucker angesteuert werden.

1.2 Die erste Sitzung

Legen Sie die **fima**-Diskette in Laufwerk A: ein und bestimmen Sie dieses mit dem Befehl A: [Enter] zum aktuellen Laufwerk[1]. Nach Start des Programms durch Eingabe von

fima [Enter]

erscheint folgender Titelbildschirm:

GROB / EVERDING

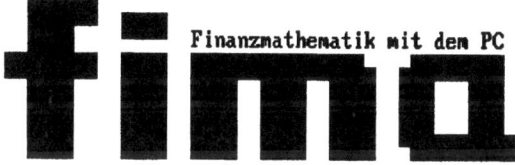

Finanzmathematik mit dem PC

Programm: LEPKES

Copyright (c) GABLER 1991

Abb. 1: Titelbild

---

[1] Selbstverständlich kann **fima** auch auf der Festplatte installiert werden. Lesen Sie hierzu die auf der Diskette gespeicherte Datei doc_1.!!!, die wie folgt aufzurufen ist: A: TYPE DOC_1.!!!.

Nach Betätigung einer beliebigen Taste wird das Hauptmenü sichtbar:

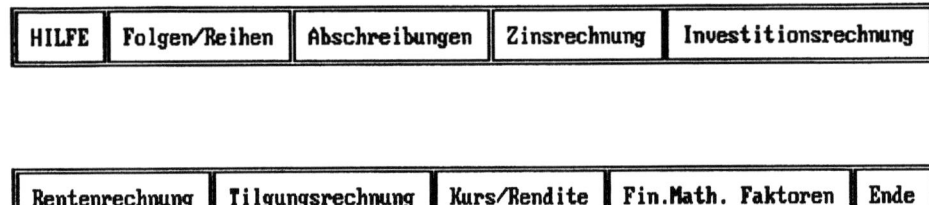

Abb. 2: Hauptmenü

Mit den Cursortasten kann die Markierung verschoben und das gewünschte Themengebiet ausgewählt werden. Unterhalb des so gekennzeichneten Feldes öffnet sich nach Betätigung der Return-Taste ein zusätzliches Sichtfenster, das die zur Auswahl stehenden Methoden zu dem in der ersten Ebene angewählten Bereich enthält. Mit Hilfe der Cursortasten kann die Markierung positioniert werden. Die getroffene Wahl wird mit [Enter] bestätigt. Mehrere Punkte hinter der Befehlsauswahl im Pull-Down-Menü weisen auf die Existenz einer dritten Menü-Ebene hin. Im unteren Teil des Bildschirms erscheint zu jedem Themengebiet eine kurze Erläuterung.

Der Datentransfer erfolgt über Ein- und Ausgabemasken. Sämtliche benötigten Variablen werden jeweils in einer Maske aufgeführt. Mit den Cursortasten kann der Benutzer die Eingabefelder wechseln, um dann die gewünschte Datensituation einzugeben. Das Datenfeld der *zu berechnenden Variablen* wird mit Hilfe der [?] - Taste markiert. Die *Berechnung* des Wertes der fehlenden Variable wird durch die Funktionstasten F9 bzw. F10 initiiert. F10 veranlaßt das Programm zur Berechnung der fehlenden Werte und fügt das Ergebnis in die Ausgangsmaske ein. F9 hingegen stellt - wenn dies sinnvoll ist - eine Darstellung des Ergebnisses in Form einer Tabelle zur Verfügung.

Während der Dateneingabe stehen dem Benutzer über die Funktionstasten F1, F2 und F3 permanent Hilfestellungen und Beispieldaten zur Verfügung. F1 bietet Hinweise zur Bedienung des Programms. Durch die Betätigung der Funktionstaste F2 erscheinen auf dem Bildschirm inhaltliche Erläuterungen zum gewählten Themengebiet. Nach Auswahl eines bestimmten Aufgabenbereiches kann mit der Funktionstaste F3 ein Beispiel geladen werden. Hierbei wird im unteren Teil des Bildschirms die Aufgabenstellung eingeblendet, gleichzeitig erscheinen in der Eingabemaske die Daten des Beispielfalls. Die Berechnung der fehlenden Variablen wird mit der Funktionstaste F10 initiiert. Durch die Betätigung der [Esc] - Taste kann der Beispielfall jederzeit verlassen werden.

Über die Funktionstaste F5 können die aktuellen Beispieldaten gespeichert und gespeicherte Datenkonstellationen eingelesen werden. Zum Speichern wird hierbei in das Feld Satz-Name die frei wählbare Bezeichnung des zu speichernden Datensatzes eingegeben. Durch Betätigung von F6 wird die Datensituation gespeichert. Zum Laden einer Beispielsituation wird das markierte Feld mit der [Pgdn] -Taste zur Datei-Liste im mittleren Teil des Bildschirms bewegt und dort mit den Cursortasten positioniert. Durch die Betätigung der [Enter] - Taste wird die angewählte Bezeichnung in das Feld Satz-Name kopiert. Mit F5 können jetzt die Beispieldaten geladen werden.

Nach der Betätigung der [Esc] - Taste kehrt das Programm in das Hauptmenü zurück. **fima** steht jetzt für weitere finanzmathematische Fragestellungen zur Verfügung oder kann durch Anwahl von Ende verlassen werden.

2. Die Grundlage finanzmathematischer Methoden: Folgen und Reihen

2.1 Definitionen und Klassifikationen

2.1.1 Folgen

Eine Folge ist als eine endliche oder unendliche Aneinanderreihung von Zahlen definiert. Jedem Element einer solchen Folge ist eindeutig ein Indexelement zugeordnet:

$$a_1, a_2, \ldots, a_i, \ldots, a_n$$

Symbole a_i i-tes Element der Zahlenfolge
     i Indexelement $i = 1, \ldots, n$
     n Anzahl der Elemente einer Zahlenfolge

Eine Zahlenfolge wird durch die Anzahl ihrer Elemente (endlich oder unendlich) und durch den Wert ihrer Glieder charakterisiert. Die Werte können entweder unmittelbar angegeben oder durch ein Bildungsgesetz bestimmt werden. Zahlenfolgen lassen sich nach dem Wert ihrer aufeinanderfolgenden Glieder klassifizieren:

$a_{i-1} < a_i$ *steigende* Folge,
$a_{i-1} > a_i$ *fallende* Folge,
$a_{i-1} = a_i$ *konstante* Folge,
$a_{i-1} \cdot a_i < 0$ *alternierende* Folge.

2.1.2 Reihen

Eine endliche Reihe ist als die *Summe* der ersten n Glieder einer Folge definiert.

$$S = a_1 + a_2 + ... + a_n = \sum_{i=1}^{n} a_i$$

Symbol   S   Summe der Elemente einer Folge

Zur Reduzierung des Rechenaufwandes werden in der Finanzmathematik kompakte Formeln zur Summenberechnung entwickelt.

2.2 Finanzmathematisch wichtige Folgen und Reihen

2.2.1 Die arithmetische Folge

Bei der arithmetischen Folge ergibt sich jedes Glied a_i der Folge als Summe aus dem vorhergehenden Glied a_{i-1} und einer konstanten Differenz d. Die *arithmetische* Folge wird eindeutig durch die Festlegung ihres ersten Elementes a_1 und durch die Differenz zweier aufeinanderfolgender Glieder d bestimmt.

Beispiel	a_1	a_2	a_3	a_4	a_5	d
1	2	4	6	8	10	+2
2	3	8	13	18	23	+5
3	24	21	18	15	12	-3

Abb. 3: Beispiele arithmetischer Folgen

Wird a_1 vorgegeben, läßt sich a_2 wie folgt bestimmen:

$$a_2 = a_1 + d$$

Symbol d konstante Differenz zweier aufeinanderfolgender Glieder der arithmetischen Folge

Allgemein gilt:

$$a_i = a_{i-1} + d \quad \text{für } i = 2, 3, \ldots, n$$

In Abhängigkeit von d lassen sich verschiedene arithmetische Folgen klassifizieren. Eine arithmetische Folge ist *steigend*, wenn d größer Null ist, sie ist *fallend*, wenn d kleiner Null ist, schließlich wird sie als *konstant* bezeichnet, wenn d den Wert Null annimmt und somit alle Elemente der Folge identisch sind.

Die typische Frage bei arithmetischen Folgen lautet: Wie hoch ist der Wert von a_n bei gegebenem a_1 und d?

Eine Antwort kann zunächst durch sukzessives Berechnen der ersten n Elemente der Folge gegeben werden. Mit wachsendem n erscheint dieses Vorgehen jedoch zu aufwendig. Deshalb wird ein Bildungsgesetz gesucht, mit dessen Hilfe a_n in Abhängigkeit von a_1, d und n in einem geschlossenen Ausdruck berechnet werden kann. Zur Formulierung dieses Bildungsgesetzes sind folgende Gleichungen aufzustellen:

$$\begin{aligned}
a_2 &= a_1 + d \\
a_3 &= a_2 + d = a_1 + d + d = a_1 + 2d \\
a_4 &= a_3 + d = a_1 + 2d + d = a_1 + 3d \\
&\vdots \\
a_n &= a_1 + (n-1)d
\end{aligned}$$

Die Formel zur Bestimmung des i-ten Elementes einer arithmetischen Folge lautet:

$$a_i = a_1 + (i-1)d \quad \text{für } i = 2, 3, \ldots, n$$

Folgen und Reihen

Beispiel

Wie hoch ist der Wert von a_{15}, wenn das erste Element der arithmetischen Folge den Wert 1 und die Differenz d den Wert 7 annimmt?

❏ Manuelle Lösung

Nach dem zuvor ermittelten Bildungsgesetz für Elemente einer arithmetischen Folge ergibt sich der Wert von a_{15} nach folgender Formel:

$$a_i = a_1 + (i-1)d$$
$$a_{15} = 1 + (15-1) \cdot 7$$
$$= 99$$

❏ **fima** - Lösung

```
ARITHMETISCHE FOLGE

Geben Sie die bekannten Größen ein und markieren Sie die gesuchte Variable
mit Hilfe der [?]-Taste. Der markierte Parameter wird dann neu berechnet.

erstes Glied der Folge    : a1         1

i-tes Glied der Folge     : ai         99   ?

Index des i-ten Gliedes   : i          15

Differenz zweier Glieder  : d          7




Betrag des Gliedes mit dem Index i der Zahlenfolge
MEMORY 1                        0  S-Speichern R-Rückrufen PGDN-vor PGUP-zurück
F1-Hilfe F2-Anmerkung F3-Beispiel F5-Dateien F9-Tabelle F10-rechnen ESC-Menü
```

Abb. 4: Arithmetische Folge

Die durch F9 veranlaßte tabellarische Darstellung führt zu folgendem Ergebnis:

```
ARITHMETISCHE FOLGE

  Index i           Glied ai

     1               1.00
     2               8.00
     3              15.00
     4              22.00
     5              29.00
     6              36.00
     7              43.00
     8              50.00
     9              57.00
    10              64.00
    11              71.00
    12              78.00
    13              85.00
    14              92.00
    15              99.00

Differenz zweier Glieder: 7

F1-Hilfe  F6-Drucken   HOME/END PGUP/PGDN UP/DOWN-Tabelle bewegen   ESC-Quit
```

Abb. 5: Tabellarische Darstellung der arithmetischen Folge

Auf die tabellarische Ergebnisdarstellung der zu betrachtenden Beispiele wird im folgenden aus Vereinfachungsgründen weitgehend verzichtet.

2.2.2 Die arithmetische Reihe

Eine arithmetische Reihe ist die Summe der ersten n Glieder einer arithmetischen Folge. Die Summe wird mit S bezeichnet:

$$S = a_1 + a_2 + \ldots + a_n = \sum_{i=1}^{n} a_i$$

Folgen und Reihen

Zur Berechnung des Wertes der Summe S wird zunächst die obige Formel weiter aufgespalten. Die einzelnen Glieder der Folge werden dabei durch den weiter oben ermittelten Ausdruck

$$a_i = a_1 + (i-1)d$$

ersetzt. In einem zweiten Schritt wird zu der so erhaltenen Formel eine Gleichung addiert, die sich von der ersten Formel lediglich durch die geänderte Reihenfolge ihrer Elemente unterscheidet. Die beiden Gleichungen sind mit I und II gekennzeichnet worden:

$$\begin{aligned}
\text{I} \quad S &= a_1 + a_2 + \ldots + a_n \\
&= a_1 + a_1 + d + \ldots + a_1 + (n-1)d \\
\text{II} \quad S &= a_1 + (n-1)d + a_1 + (n-2)d + \ldots + a_1 \\
\hline
\text{I+II} \quad 2S &= 2a_1 + (n-1)d + 2a_1 + (n-1)d + \ldots + 2a_1 + (n-1)d
\end{aligned}$$

Durch Zusammenfassen und Auflösen nach S wird nun ein kompakter Ausdruck für S ermittelt.

$$2S = 2\sum_{i=1}^{n} a_i = n[2a_1 + (n-1)d]$$

$$\Leftrightarrow \quad S = \sum_{i=1}^{n} a_i = \frac{n}{2}[2a_1 + (n-1)d]$$

$$\Leftrightarrow \quad S = \frac{n}{2}[a_1 + a_1 + (n-1)d]$$

Der Ausdruck $a_1 + (n - 1)d$ läßt sich laut Bildungsgesetz durch a_n ersetzen. Für S ergibt sich demnach die folgende Summenformel:

$$S = n \cdot \frac{a_1 + a_n}{2}$$

Beispiel

Berechnen Sie die Summe der Glieder der nachstehenden arithmetischen Folge: 6, 9, 12, 15, ..., 99, 102.

❑ Manuelle Lösung

Der Wert des ersten Gliedes $a_1 = 6$ ist gegeben. Die Differenz zweier benachbarter Glieder d beläuft sich offensichtlich auf 3. Mit $a_n = 102$ ist der Wert des letzten Gliedes bekannt. Die Formel zur Bestimmung von a_n lautet:

$$a_n = a_1 + (n-1)d$$

Zur Ermittlung von n wird die Formel wie folgt aufgelöst:

$$n = \frac{a_n - a_1}{d} + 1$$

Das Ersetzen der Variablen durch die gegebenen Werte führt zu folgendem Ergebnis:

$$n = \frac{102 - 6}{3} + 1 = 32 + 1 = 33$$

Mit n = 33 sind nun alle erforderlichen Daten zur Anwendung der oben ermittelten Formel vorhanden. Für S gilt deshalb:

$$S = \frac{33}{2}[6 + 102] = \frac{33}{2} \cdot 108 = 1782$$

Folgen und Reihen 13

☐ **fima** - Lösung

```
ARITHMETISCHE REIHE

Geben Sie "n" und "d" ein. Geben Sie eine der Variablen "a1", "an" oder "S"
ein und markieren Sie diese mit Hilfe der [!]-Taste.

Anzahl der Glieder        : n              33

Differenz zweier Glieder  : d              3

erstes Glied der Folge    : a1             6  !

letztes Glied der Folge   : an             102

Summe aller Glieder       : S              1782


Summe aller Glieder der Zahlenfolge
MEMORY 1                        0   S-Speichern R-Rückrufen PGDN-vor PGUP-zurück
F1-Hilfe F2-Anmerkung F3-Beispiel F5-Dateien F9-Tabelle F10-rechnen ESC-Menü
```

Abb. 6: Arithmetische Reihe

2.2.3 Die geometrische Folge

Jedes Glied der geometrischen Folge - mit Ausnahme des ersten - ergibt sich aus dem vorhergehenden Glied durch Multiplikation mit einem konstanten Faktor q.

Beispiel	a_1	a_2	a_3	a_4	a_5	q
1	1	2	4	8	16	2
2	2	6	18	54	162	3
3	2	-6	18	-54	162	-3
4	40	20	10	5	2,5	0,5

Abb.7: Beispiele geometrischer Folgen

Bei vorgegebenem a_1 läßt sich a_2 wie folgt bestimmen:

$$a_2 = a_1 \cdot q$$

Symbol q konstanter Faktor bzw. Quotient zweier aufeinanderfolgender Glieder einer geometrischen Folge

Allgemein gilt:

$$a_i = a_{i-1} \cdot q \qquad \text{für } i = 2, 3, \ldots, n$$

Für unterschiedliche Werte von q lassen sich bei positivem a_1 verschiedene geometrische Zahlenfolgen klassifizieren:

$q > 1$ *steigende* geometrische Folge,
$0 < q < 1$ *fallende* geometrische Folge,
$q < 0$ *alternierende* geometrische Folge,
$q = 1$ *konstante* geometrische Folge.

Nun ist zu untersuchen, welchen Wert a_n bei gegebenem a_1, q und n annimmt.

Eine Lösung dieser Aufgabenstellung kann wiederum durch sukzessives Berechnen der ersten n Elemente der betrachteten geometrischen Folge durchgeführt werden. Mit wachsendem n erscheint dieses Vorgehen sehr aufwendig. Gesucht wird daher ein Bildungsgesetz, mit dessen Hilfe a_n in Abhängigkeit von a_1, q und n in einem geschlossenen Ausdruck berechnet werden kann.

Die Ausgangsgleichungen lauten:

$$a_2 = a_1 \cdot q$$
$$a_3 = a_2 \cdot q = a_1 \cdot q \cdot q = a_1 \cdot q^2$$
$$a_4 = a_3 \cdot q = a_1 \cdot q^2 \cdot q = a_1 \cdot q^3$$
$$\vdots$$
$$a_n = a_1 \cdot q^{n-1}$$

Für das i-te Element einer geometrischen Folge ergibt sich also der folgende Ausdruck:

$$a_i = a_1 \cdot q^{i-1} \quad \text{für } i = 2, 3, \ldots, n$$

Datenkonstellationen mit $a_1 \leq 0$ und $q < 1$ sind finanzmathematisch nicht relevant. Diese Konstellationen werden daher aus den Definitionsbereichen für a_1 und q ausgegrenzt.

Beispiel

Wie hoch ist der Wert von a_{24}, wenn das erste Element der geometrischen Folge den Wert 5 und q den Wert 1,3 annimmt?

❏ Manuelle Lösung

Der Wert von a_{24} ergibt sich nach folgender Formel:

$$a_i = a_1 \cdot q^{i-1}$$
$$a_{24} = 5 \cdot 1{,}3^{24-1}$$
$$= 2087{,}7$$

❑ fima - Lösung

```
┌─────────────────────────────────────────────────────────────────────┐
│ GEOMETRISCHE FOLGE                                                  │
├─────────────────────────────────────────────────────────────────────┤
│ Geben Sie die bekannten Größen ein und markieren Sie die gesuchte Variable │
│ mit Hilfe der [?]-Taste. Die markierte Variable wird dann neu berechnet.   │
│                                                                     │
│ erstes Glied der Folge   : a1             5                         │
│                                                                     │
│ i-tes Glied der Folge    : ai       2087.695271  ?                  │
│                                                                     │
│ Index des i-ten Gliedes  : i              24                        │
│                                                                     │
│ Quotient zweier Glieder  : q              1.3                       │
│                                                                     │
│                                                                     │
├─────────────────────────────────────────────────────────────────────┤
│ Betrag des Gliedes mit dem Index i der Zahlenfolge                  │
├─────────────────────────────────────────────────────────────────────┤
│ MEMORY 1                  0  S-Speichern R-Rückrufen PGDN-vor PGUP-zurück │
├─────────────────────────────────────────────────────────────────────┤
│ F1-Hilfe F2-Anmerkung F3-Beispiel F5-Dateien F9-Tabelle F10-rechnen ESC-Menü │
└─────────────────────────────────────────────────────────────────────┘
```

Abb. 8: Geometrische Folge

2.2.4 Die geometrische Reihe

Eine geometrische Reihe ist die Summe der ersten n Glieder einer geometrischen Folge.

$$S = a_1 + a_2 + \ldots + a_n = \sum_{i=1}^{n} a_i$$

Die Berechnung des Wertes der Summe S erfolgt analog der Berechnung des Wertes der arithmetischen Reihe. Zunächst wird die Gleichung der Summe S mit q multipliziert. In einem zweiten Schritt werden die einzelnen Glieder der Folge durch den Ausdruck

Folgen und Reihen 17

$$a_i = a_1 \cdot q^{i-1}$$

ersetzt. Von der so erhaltenen Gleichung wird die Ursprungsgleichung subtrahiert.

I $\quad q \sum_{i=1}^{n} a_i \quad = \quad a_1 \cdot q \;+\; a_2 \cdot q \;+\; ... \;+\; a_{n-1} \cdot q \;+\; a_n \cdot q$

$\qquad\qquad\qquad = \quad a_1 \cdot q \;+\; a_1 \cdot q^2 \;+\; ... \;+\; a_1 \cdot q^{n-1} \;+\; a_1 \cdot q^n$

II $\quad \sum_{i=1}^{n} a_i \quad = a_1 \;+\; a_1 \cdot q \;+\; a_1 \cdot q^2 \;+\; ... \;+\; a_1 \cdot q^{n-1}$

I-II $\quad q \sum_{i=1}^{n} a_i - \sum_{i=1}^{n} a_i = -a_1 \qquad\qquad\qquad\qquad\qquad + a_1 \cdot q^n$

Durch Zusammenfassen und Auflösen nach S wird nun ein kompakter Ausdruck für S ermittelt:

$$q \sum_{i=1}^{n} a_i - \sum_{i=1}^{n} a_i = -a_1 + a_1 \cdot q^n$$

<=> $\qquad (q-1) \sum_{i=1}^{n} a_i = a_1 (q^n - 1)$

<=> $\qquad \sum_{i=1}^{n} a_i = a_1 \cdot \dfrac{q^n - 1}{q - 1} = S$

Für die Summenformel der geometrischen Reihe gilt also:

$$S = a_1 \cdot \frac{q^n - 1}{q - 1} \quad \text{für } q > 0 \text{ und } q \neq 1$$

Beispiel

Berechnen Sie die Summe der Glieder einer geometrischen Folge, die 17 Elemente enthält und deren Elementenkette mit folgenden Werten beginnt: 4, 6, 9, ...

❏ Manuelle Lösung

Aus der Aufgabenstellung ist der Wert des ersten Gliedes $a_1 = 4$ zu entnehmen. q läßt sich als Quotient zweier benachbarter Glieder bestimmen:

$$a_i = a_{i-1} \cdot q$$
$$<=> \quad q = \frac{a_i}{a_{i-1}}$$
$$q = \frac{4}{6} = 1{,}5$$

<=>

Der Parameter n ist als Anzahl der Elemente mit dem Wert 17 gegeben. Zur Ermittlung von S werden a_1 und q in die Summenformel eingesetzt:

$$S = a_1 \cdot \frac{q^n - 1}{q - 1}$$

$$S = 4 \cdot \frac{1{,}5^{17} - 1}{1{,}5 - 1} = 7874{,}09$$

Folgen und Reihen

❏ fima - Lösung

```
GEOMETRISCHE REIHE

Geben Sie "n" und "q" ein. Geben Sie eine der Variablen "a1", "an" oder "S"
ein und markieren Sie diese mit Hilfe der [!]-Taste.

Anzahl der Glieder      : n              17

Quotient zweier Glieder : q              1.5


erstes Glied der Folge  : a1             4 !

letztes Glied der Folge : an      2627.363342

Summe aller Glieder     : S       7874.090027



Summe aller Glieder der Zahlenfolge

MEMORY 1                     0   S-Speichern R-Rückrufen PGDN-vor PGUP-zurück

F1-Hilfe F2-Anmerkung F3-Beispiel F5-Dateien F9-Tabelle F10-rechnen ESC-Menü
```

Abb. 9: Geometrische Reihe

3. Abschreibungen

Ein langlebiges Wirtschaftsgut verliert durch Gebrauchsverschleiß, durch Alterung sowie durch technischen Fortschritt aber auch durch Bedarfswandel im Laufe der Zeit an Wert. Der Werteverlust kann rechnerisch auf die Nutzungsdauer dieses Gutes verteilt werden. Dieser bewertete Verbrauch des Wirtschaftsgutes wird mit dem Begriff *Abschreibung* bezeichnet. Die Abschreibungsbeträge sollen *verursachungsgerecht* und, wenn dies nicht möglich ist, *planmäßig* auf die Nutzungsdauer des Wirtschaftsgutes verteilt werden. Aus finanzmathematischer Sicht können die Abschreibungen dabei als Elemente einer Zahlenfolge aufgefaßt werden, deren Summe durch die Höhe des zeitlich totalen Werteverlustes des Wirtschaftsgutes bestimmt wird. Abschreibungen können somit als monetäres Äquivalent für den Werteverzehr eines Wirtschaftsgutes bezeichnet werden.

Im offiziellen Rechnungswesen stellen die oben beschriebenen Beträge einen Aufwandsposten dar. Für die Bemessung existieren gesetzliche Bestimmungen. Im Rahmen der betrieblichen Leistungs- und Kostenrechnung werden die Abschreibungsbeträge mit dem Begriff kalkulatorische Abschreibungen belegt. Ihre Festlegung unterliegt keiner gesetzlichen Bestimmung.

Während im offiziellen Rechnungswesen zur Ermittlung der Abschreibung die nominellen Anschaffungs- und Herstellungskosten zugrunde gelegt werden, ist in der Kostenrechnung nach herrschender Auffassung vom Wiederbeschaffungswert auszugehen.

Zu den finanzmathematischen Methoden zur Berechnung der Abschreibungen gehören

>die *lineare* Abschreibung,
>die *arithmetisch-degressive* Abschreibung und
>die *geometrisch-degressive* Abschreibung.

3.1 Lineare Abschreibung

Die lineare Abschreibung führt zu einer gleichmäßigen Verteilung des Werteverlustes auf die Perioden der Nutzung. Sie unterstellt einen konstanten, also kalenderzeitabhängigen Werteverzehr des Investitionsobjektes im Laufe der Nutzungsdauer. Die Ermittlung des konstanten Abschreibungsbetrages erfolgt durch Division des Abschreibungsausgangsbetrages S durch die Nutzungsdauer n.

$$A = A_t = \frac{S}{n}$$

Symbol A konstanter Abschreibungsbetrag
A_t Abschreibungsbetrag der Periode t
n Nutzungsdauer
S Abschreibungsausgangsbetrag

Der Abschreibungsausgangsbetrag ist der totale Werteverzehr während der gesamten Nutzungsdauer. Er setzt sich aus folgenden Positionen zusammen:

$$S = a_0 - (L_n^E - L_n^A)$$

Symbole a_0 Anschaffungsauszahlung bzw. Wiederbeschaffungswert
L_n^E Einzahlung bei Liquidation im Zeitpunkt n
L_n^A Auszahlung bei Liquidation im Zeitpunkt n

Beispiel[1]

> Der Wiederbeschaffungswert eines betrachteten Investitionsobjektes beläuft sich auf 100000 DM. Dieser Wert stimmt mit der Anschaffungsauszahlung überein. Nach einer geplanten Nutzungsdauer von 4 Jahren kann nach realistischer Einschätzung mit einem Liquidationserlös (Schrotterlös) von 30000 DM gerechnet werden, der jedoch zu 10000 DM für die Entsorgung einiger nicht verkäuflicher Anlagenteile verwendet werden muß. Ermitteln Sie die Höhe der linearen Abschreibung und berechnen Sie die jeweiligen Restbuchwerte am Ende der einzelnen Jahre.

❏ Manuelle Lösung

Der Abschreibungsausgangsbetrag errechnet sich als Differenz zwischen Anschaffungsauszahlung in t = 0 und dem durch die Liquidation des Investitionsobjektes bedingten Einzahlungsüberschuß am Ende der Nutzungsdauer:

$$S = a_0 - (L_n^E - L_n^A)$$

$$S = 100000 - (30000 - 10000) = 80000\,[\text{DM}]$$

Gemäß der Formel zur linearen Abschreibung beträgt die jährliche lineare Abschreibung:

$$A = \frac{S}{n} = \frac{80000}{4} = 20000\,[\text{DM}/\text{Jahr}]$$

---

[1] Das im folgenden vorgestellte **Beispiel** dient mit seinen Eckdaten (Anschaffungskosten, Restverkaufserlös und Nutzungsdauer) als Standardbeispiel aller folgenden Abschreibungsfälle. Diese Vorgehensweise wurde gewählt, um die Ergebnisse der einzelnen Abschreibungsmethoden vergleichbar zu machen.

Der Verlauf der Restbuchwerte (RBW_t) ergibt sich wie folgt:

t		Symbol	Betrag
0	Anschaffungsauszahlung	a_0	100000
1	-Abschreibung	A_1	20000
1	=Restbuchwert	RBW_1	80000
2	- Abschreibung	A_2	20000
2	=Restbuchwert	RBW_2	60000
3	- Abschreibung	A_3	20000
3	=Restbuchwert	RBW_3	40000
4	- Abschreibung	A_4	20000
4	=Restbuchwert	RBW_4	20000

Abb. 10: Verlauf der Restbuchwerte bei linearer Abschreibung

Der Restbuchwert am Ende der vierten Periode entspricht also dem vorgegebenen Überschuß des Liquidationserlöses über die Entsorgungskosten.

❏ **fima - Lösung**

```
┌─────────────────────────────────────────────────────────────────────┐
│ LINEARE ABSCHREIBUNG                                                │
├─────────────────────────────────────────────────────────────────────┤
│ Geben Sie die bekannten Größen ein und markieren Sie die gesuchte Variable │
│ mit Hilfe der [?]-Taste. Der markierte Parameter wird dann neu berechnet.  │
│                                                                     │
│ Anfangswert          : A0           100000                          │
│                                                                     │
│ Restwert             : RW            20000                          │
│                                                                     │
│ Nutzungsdauer        : n                 4                          │
│                                                                     │
│ Abschreibungsbetrag  : A             20000  ?                       │
│                                                                     │
│                                                                     │
├─────────────────────────────────────────────────────────────────────┤
│ für alle Perioden konstanter Abschreibungsbetrag                    │
├─────────────────────────────────────────────────────────────────────┤
│ MEMORY 1                   0   S-Speichern R-Rückrufen PGDN-vor PGUP-zurück │
├─────────────────────────────────────────────────────────────────────┤
│ F1-Hilfe F2-Anmerkung F3-Beispiel F5-Dateien F9-Tabelle F10-rechnen ESC-Menü │
└─────────────────────────────────────────────────────────────────────┘
```

Abb. 11: Lineare Abschreibung

3.2 Arihmetisch - degressive Abschreibung

Bei der arithmetisch - degressiven Abschreibung wird der Abschreibungsausgangsbetrag S in fallenden Beträgen auf die Nutzungsdauer des Investitionsobjektes verteilt. Die Differenz zwischen den Abschreibungsbeträgen ist dabei konstant. Variationen der arithmetisch - degressiven Abschreibung sind die *digitale* Abschreibung und der weiter gefaßte *allgemeine* Fall.

3.2.1 Die digitale Abschreibung

Die digitale Abschreibung ist ein Spezialfall der arithmetisch - degressiven Abschreibung, bei der der letzte Abschreibungsbetrag A_n gleich der Abschreibungsdifferenz D ist. Zur Herleitung einer Formel sollen drei unterschiedliche Wege dargestellt werden:

1. Weg: Entwicklung einer Formel

Für die Abschreibungsbeträge gilt allgemein folgender Verlauf:

$$A_n = D$$
$$A_{n-1} = D + D = 2D$$
$$A_{n-2} = 2D + D = 3D$$
$$\vdots$$
$$A_1 = (n-1)D + D = nD$$

Symbol D   Abschreibungsdifferenz

Zur Herleitung einer kompakten Formel zur Summierung der einzelnen Abschreibungsbeträge wird eine Gleichung erstellt, deren Elemente den einzelnen oben angegebenen Abschreibungsbeträgen entsprechen. In einem zweiten Schritt wird in einem Gleichungssystem zu der so erhaltenen Formel eine Gleichung addiert, die sich von der ersten ausschließlich durch die geänderte Reihenfolge ihrer Elemente unterscheidet.

I	S =	nD	+ (n-1)D +	...	+	2D	+	D
II	S =	D	+ 2D +	...	+	(n-1)D	+	nD
I+II	2S =	(n+1)D	+ (n+1)D	+ (n+1)D	+ (n+1)D	+ (n+1)D		

Durch Zusammenfassen und Auflösen nach D ergibt sich:

$$2S = n(n+1)D$$

$$D = \frac{2}{n(n+1)} \cdot S = A_n$$

2. Weg: Übertragen der allgemeinen Summenformel einer arithmetischen Reihe aus der Finanzmathematik

Die Summenberechnung der Abschreibungsbeträge der digitalen Abschreibung ist ein Anwendungsfall der Summenbildung einer arithmetischen Reihe.

Die Formel zur Berechnung der Summe einer arithmetischen Reihe lautet (vgl. Kap. 2.2.2):

$$S = \frac{n}{2}[2a_1 + (n-1)d]$$

Das erste Element der arithmetischen Folge a_1 ist dabei mit dem letzten Abschreibungsbetrag A_n (= D) der digitalen Abschreibung identisch. Dem letzten Element a_n der arithmetischen Folge wird als Wert der erste Abschreibungsbetrag A_1 zugeordnet.

Die Transformation der Symbole führt zu folgendem Ergebnis:

Symbole der allgemeinen Formel	Bedeutung	spezielle Symbole
S	Abschreibungsausgangsbetrag	S
n	Nutzungsdauer	n
d	Abschreibungsdifferenz	D
a_1	Abschreibung des Jahres n	A_n (=D)
a_n	Abschreibung des Jahres 1	A_1

Eingesetzt in die obige Formel ergibt sich S wie folgt:

$$S = \frac{n}{2}[2D + (n-1)D] = n \cdot D + \frac{n(n-1)}{2} \cdot D$$

Nach Ausklammern von D und Umstellen der Formel erhält man für D den folgenden Ausdruck:

$$D = \frac{S}{\left[\frac{n(n-1) + 2n}{2}\right]} = \frac{2S}{n^2 - n + 2n}$$

$$= \frac{2S}{n^2 + n} = \frac{2}{n(n+1)} \cdot S$$

3. Weg: Praxisformel

In der Praxis wird die Abschreibungsdifferenz D nach der Formel

$$D = \frac{\text{Abschreibungssumme}}{\text{kumulierte Anzahl der Jahre}} = \frac{S}{1 + 2 + \ldots + n}$$

berechnet. Um die Identität dieses Ausdrucks mit den eben berechneten Formeln darzustellen, ist der Nenner des Bruches umzuformen.

Die Summe der ersten n natürlichen Zahlen kann als eine arithmetische Reihe mit $a_1 = 1$, $a_n = n$ und $d = 1$ aufgefaßt werden. Die Summe im Nenner läßt sich folgendermaßen ermitteln (vgl. Kap. 2.2.2):

$$\sum_{i=1}^{n} a_i = \frac{n}{2}[2a_1 + (n-1)d]$$

$$= n \cdot \frac{a_1 + a_n}{2} = \frac{n(n+1)}{2}$$

Eingesetzt in die Praxisformel ergibt sich der Ausdruck, der auch bei den beiden anderen Wegen entwickelt wurde:

$$D = \frac{2}{n(n+1)} \cdot S$$

Beispiel

> Berechnen Sie zur Datensituation des Standardbeispiels die Differenz der einzelnen Abschreibungsbeträge D und ermitteln Sie die Abschreibungsbeträge und die jeweiligen Restbuchwerte bei digitaler Abschreibung.

❏ Manuelle Lösung

Für das Beispiel berechnet sich D gemäß

$$D = \frac{2}{n(n+1)} \cdot S$$

$$D = \frac{2}{4 \cdot 5} \cdot (100000 - 20000) = 8000 \, [\text{DM/Jahr}]$$

Der Verlauf der Abschreibungsbeträge und der Restbuchwerte kann aus folgender Tabelle entnommen werden:

t		Symbol	Betrag
0	Anschaffungsauszahlung	a_0	100000
1	-Abschreibung	A_1	32000
1	=Restbuchwert	RBW_1	68000
2	- Abschreibung	A_2	24000
2	=Restbuchwert	RBW_2	44000
3	- Abschreibung	A_3	16000
3	=Restbuchwert	RBW_3	28000
4	- Abschreibung	A_4	8000
4	=Restbuchwert	RBW_4	20000

Abb. 12: Verlauf der Restbuchwerte bei digitaler Abschreibung

❏ **fima** - Lösung

```
DIGITALE (ARITHMETISCH DEGRESSIVE) ABSCHREIBUNG
Geben Sie die bekannten Größen ein und markieren Sie die gesuchte Variable
mit Hilfe der [?]-Taste. Der markierte Parameter wird dann neu berechnet.

Anfangswert         : A0           100000

Restwert            : RW           20000

Nutzungsdauer       : n                4

Abschreibungsdiff.  : D             8000  ?




Differenz der Abschreibungbeträge zweier aufeinanderfolgenden Perioden
MEMORY 1                    0   S-Speichern R-Rückrufen PGDN-vor PGUP-zurück
F1-Hilfe F2-Anmerkung F3-Beispiel F5-Dateien F9-Tabelle F10-rechnen ESC-Menü
```

Abb. 13: Digitale (arithmetisch - degressive) Abschreibung

3.2.2 Der allgemeine Fall

Im allgemeinen Fall der arithmetisch - degressiven Abschreibung wird der Abschreibungsverlauf durch die Vorgabe eines ersten Abschreibungsbetrages A_1 sowie durch die Differenz zweier Abschreibungsbeträge D determiniert.

$$A_1 = \text{gegeben}$$
$$A_2 = A_1 - D$$
$$A_3 = A_1 - 2D$$
$$\vdots$$
$$A_n = A_1 - (n-1)D$$

Dabei muß die Summe der Abschreibungsbeträge gleich dem Abschreibungsausgangsbetrag S sein:

$$S = \sum_{t=1}^{n} A_t = \sum_{t=1}^{n} [A_1 - (t-1)D]$$

$$= \sum_{t=1}^{n} A_1 - D \sum_{t=1}^{n} (t-1)$$

$$= n \cdot A_1 - D \cdot \frac{(n-1)n}{2}$$

Durch Umstellen der Formel läßt sich D isolieren:

$$S - n \cdot A_1 = -D \cdot \frac{(n-1)n}{2}$$

$$D = \frac{2(n \cdot A_1 - S)}{(n-1)n}$$

Für $A_1 = 18000\,\text{DM}$ gilt beim Standardbeispiel:

$$D = \frac{2(4 \cdot 18000 - 80000)}{(4-1) \cdot 4}$$

$$= -1333{,}33 \quad (!)$$

Da das in diesem Beispiel ermittelte D ein *negatives* Vorzeichen aufweist, ergibt sich ein *steigender* Abschreibungsverlauf. Dieses Ergebnis widerspricht der Vorstellung der arithmetisch-*degressiven*, also *fallenden* Abschreibung. Negative D sind somit nicht zulässig und müssen durch die Wahl einer geeigneten ersten Abschreibung A_1 ausgeschlossen werden.

Für D muß folglich gelten:

$$D = \frac{2(n \cdot A_1 - S)}{(n-1)n} > 0$$

<=> $\quad n \cdot A_1 - S > 0$

<=> $\quad A_1 > \frac{S}{n}$

Für das Standardbeispiel gilt somit:

$$A_1 > \frac{80000}{4}$$
$$A_1 > 20000$$

In einem zweiten Beispiel sei A_1 in Höhe von 50000 DM gewählt.

Hierbei ergibt sich:

$$D = \frac{2(4 \cdot 50000 - 80000)}{(4-1) \cdot 4}$$

$$D = 20000$$

In diesem Fall entwickeln sich die Abschreibungen und Restbuchwerte wie folgt:

t		Symbol	Betrag
0	Anschaffungsauszahlung	a_0	100000
1	-Abschreibung	A_1	50000
1	=Restbuchwert	RBW_1	50000
2	- Abschreibung	A_2	30000
2	=Restbuchwert	RBW_2	20000
3	- Abschreibung	A_3	10000
3	=Restbuchwert	RBW_3	10000
4	- Abschreibung	A_4	**-10000**
4	=Restbuchwert	RBW_4	20000

Abb. 14: Verlauf der Restbuchwerte bei einer Abschreibungsdifferenz von 20000

Auch dieses Ergebnis ist unzulässig, da im vierten Jahr eine negative Abschreibung, also eine Zuschreibung, vorzunehmen ist, um zu einem Restbuchwert von 20000 DM zu gelangen.

Deshalb muß als zweite Nebenbedingung für A_n gelten:

$$A_n = A_1 - (n-1)D > 0$$

Wenn die Abschreibung im letzten Jahr positiv ist, so gilt dies auch für alle anderen Abschreibungsbeträge.

Nach Einsetzen des für D ermittelten Ausdrucks ergibt sich:

$$A_1 > (n-1)D = (n-1) \cdot \frac{2(n \cdot A_1 - S)}{(n-1)n}$$

Nach Kürzen und Auflösen des Klammerausdrucks gilt:

$$A_1 > \frac{2}{n}(n \cdot A_1 - S) = 2A_1 - 2\frac{S}{n}$$

Umgestellt nach A und multipliziert mit -1 ergibt sich:

$$A_1 < 2 \cdot \frac{S}{n}$$

Somit gilt für den ersten Abschreibungsbetrag A_1 der arithmetisch-degressiven Abschreibung das folgende Intervall:

$$\frac{S}{n} < A_1 < 2\frac{S}{n}$$

Der erste Abschreibungsbetrag A_1 wird also durch die einfache lineare Abschreibung als Untergrenze und durch die doppelte lineare Abschreibung als Höchstbetrag begrenzt. Für das Standardbeispiel gilt:

$$20000 < A_1 < 40000$$

Abschreibungen

Beispiel

Ermitteln Sie die Abschreibungsbeträge und die jeweiligen Restbuchwerte für das Standardbeispiel bei arithmetisch-degressiver Abschreibung und gehen Sie dabei von einem ersten Abschreibungsbetrag von 30000 DM aus.

❏ Manuelle Lösung

Zur Berechnung von D werden die bekannten Daten in die entwickelten Formeln eingesetzt:

$$D = \frac{2(n \cdot A_1 - S)}{(n-1)n} = \frac{2(4 \cdot 30000 - 80000)}{(4-1) \cdot 4}$$

$$= 6666,67 \, [DM]$$

Die Abschreibungsbeträge und die jeweiligen Restbuchwerte sind aus der unten stehenden Tabelle ablesbar:

t		Symbol	Betrag
0	Anschaffungsauszahlung	a_0	100000
1	-Abschreibung	A_1	30000
1	=Restbuchwert	RBW_1	70000
2	- Abschreibung	A_2	23333,33
2	=Restbuchwert	RBW_2	46666,67
3	- Abschreibung	A_3	16666,67
3	=Restbuchwert	RBW_3	30000
4	- Abschreibung	A_4	10000
4	=Restbuchwert	RBW_4	20000

Abb. 15: Verlauf der Restbuchwerte bei allgemeiner arithmetisch-degressiver Abschreibung

❏ **fima** - Lösung

```
ALLGEMEINE ARITHMETISCH DEGRESSIVE ABSCHREIBUNG
Geben Sie "A0", "RW" und "n" ein. Geben Sie die Variable "D" oder "A1" ein
und markieren Sie die gesuchte Variable mit Hilfe der [?]-Taste.

Anfangswert              : A0           100000
Restwert                 : RW            20000
Nutzungsdauer            : n                 4
Abschreibungsdifferenz   : D           6666.67  ?
Erste Abschreibung       : A1           30000
A1 minimaler Betrag      :              20000
A1 maximaler Betrag      :              40000

Abschreibungsbetrag in der ersten Periode

MEMORY 1                0    S-Speichern R-Rückrufen PGDN-vor PGUP-zurück

F1-Hilfe F2-Anmerkung F3-Beispiel F5-Dateien F9-Tabelle F10-rechnen ESC-Menü
```

Abb. 16: Allgemeine arithmetisch - degressive Abschreibung

In fima werden Unter- und Obergrenze für den ersten Abschreibungsbetrag angezeigt. Als erster Abschreibungsbetrag wird nur ein zulässiger Wert akzeptiert.

3.3 Geometrisch - degressive Abschreibung

Bei der geometrisch-degressiven Abschreibung werden die laufenden Abschreibungen durch Multiplikation der Restbuchwerte am Ende der Vorperiode mit einem konstanten Faktor ermittelt. Im folgenden Beispiel wird von einem konstanten Abschreibungssatz in Höhe von 20 % ausgegangen.

t		Symbol	Betrag	Kommentar
0	Anschaffungsauszahlung	a_0	100000	
1	-Abschreibung	A_1	20000	20% von 100000
1	=Restbuchwert	RBW_1	80000	
2	- Abschreibung	A_2	16000	20% von 80000
2	=Restbuchwert	RBW_2	64000	
3	- Abschreibung	A_3	12800	20% von 64000
3	=Restbuchwert	RBW_3	51200	
.	.	.	.	
.	.	.	.	
.	.	.	.	

Abb. 17: Abschreibungsverlauf bei geometrisch - degressiver Abschreibung (allgemein)

Eine Abschreibung auf Null ist bei einer endlichen Periodenzahl nicht möglich, da ein bestehender Restbuchwert stets nur um einen bestimmten Prozentsatz verringert wird. Erst die Einbeziehung eines Restverkaufserlöses > 0 führt bei der geometrisch-degressiven Methode zu einer endlichen Abschreibungsdauer.

Gesucht wird nun derjenige Abschreibungssatz, bei dessen Anwendung am Ende der Nutzungsdauer des Investitionsobjektes ein Restbuchwert in Höhe des Restverkaufserlöses ausgewiesen wird. Mit anderen Worten:

Welchen Wert muß der Prozentsatz der geometrisch-degressiven Abschreibung p annehmen, damit bei gegebenem S und n ein vorgegebener Restbuchwert in $t = n$ (RBW_n) ermittelt wird.

Zur Herleitung einer allgemeinen Formel können wiederum unterschiedliche Wege beschritten werden:

1. Weg: Formelmäßige Ermittlung

Anschaffungsauszahlung	a_0
- Abschreibung 1	$p \cdot a_0$
= Restbuchwert 1	$a_0 - p \cdot a_0 = (1-p) \cdot a_0$
- Abschreibung 2	$p \cdot (1-p) \cdot a_0$
= Restbuchwert 2	$(1-p) \cdot a_0 - p \cdot (1-p) \cdot a_0$

Symbol   p   Prozentsatz der geometrisch - degressiven Abschreibung

Der Restbuchwert in t = 2 ist wie folgt umzuformen:

$$RBW_2 = (1-p) \cdot (a_0 - p \cdot a_0)$$
$$= (1-p) \cdot a_0 \cdot (1-p)$$
$$= (1-p)^2 \cdot a_0$$

Allgemein gilt:

$$RBW_t = (1-p)^t \cdot a_0 \quad \text{für alle } t = 1, \ldots, n$$

Für t = n gilt also:

$$RBW_n = (1-p)^n \cdot a_0$$

Eine Auflösung nach p führt zu folgendem Ausdruck:

$$\frac{RBW_n}{a_0} = (1-p)^n$$

$$\sqrt[n]{\frac{RBW_n}{a_0}} = 1 - p$$

Abschreibungen

$$p = 1 - \sqrt[n]{\frac{RBW_n}{a_0}}$$

2. Weg: Übertragung der allgemeinen Summenformel einer geometrischen Reihe aus der Finanzmathematik

Die Summenformel einer geometrischen Reihe lautet (vgl. Kap. 2.2.4):

$$S = a_1 \cdot \frac{q^n - 1}{q - 1} \qquad \text{für } q > 0 \text{ und } q \neq 1$$

Die Transformation der Symbole liefert das folgende Ergebnis:

Symbole der allgemeinen Formel	Bedeutung	spezielle Symbole
S	Abschreibungsausgangsbetrag	$a_0 - RBW_n$
n	Nutzungsdauer	n
a_1	Abschreibung des ersten Jahres	$a_0 \cdot p$
q	konstanter Faktor	$1 - p$

Eingesetzt in die obige Formel ergibt sich:

$$a_0 - RBW_n = a_0 \cdot p \cdot \frac{q^n - 1}{q - 1}$$

Mit $q = 1 - p$ kann der Ausdruck umgeformt werden:

$$a_0 - RBW_n = a_0 \cdot p \cdot \frac{(1-p)^n - 1}{1 - p - 1}$$

$$- RBW_n = -a_0 \cdot [(1-p)^n - 1] - a_0$$

$$RBW_n = a_0 \cdot (1-p)^n$$

$$\sqrt[n]{\frac{RBW_n}{a_0}} = 1-p$$

$$p = 1 - \sqrt[n]{\frac{RBW_n}{a_0}}$$

Beispiel

Ermitteln Sie den Abschreibungsverlauf des Standardbeispiels bei geometrisch-degressiver Abschreibung.

❑ Manuelle Lösung

Der Abschreibungsprozentsatz p ergibt sich aus folgender Formel:

$$p = 1 - \sqrt[n]{\frac{RBW_n}{a_0}}$$

Unter Verwendung der Daten des Standardfalls lautet das Ergebnis:

$$p = 1 - \sqrt[4]{\frac{20000}{100000}} = 33{,}126\,\%$$

Somit läßt sich der folgende Abschreibungsverlauf herleiten:

t		Symbol	Betrag
0	Anschaffungsauszahlung	a_0	100000
1	-Abschreibung	A_1	33125,97
1	=Restbuchwert	RBW_1	66874,03
2	- Abschreibung	A_2	22152,67
2	=Restbuchwert	RBW_2	44721,36
3	- Abschreibung	A_3	14814,38
3	=Restbuchwert	RBW_3	29906,98
4	- Abschreibung	A_4	9906,98
4	=Restbuchwert	RBW_4	20000

Abb. 18: Verlauf der Restbuchwerte bei geometrisch - degressiver Abschreibung

❑ **fima** - Lösung

```
┌─────────────────────────────────────────────────────────────────────┐
│ GEOMETRISCH DEGRESSIVE ABSCHREIBUNG                                 │
├─────────────────────────────────────────────────────────────────────┤
│ Geben Sie die bekannten Größen ein und markieren Sie die gesuchte Variable │
│ mit Hilfe der [?]-Taste. Der markierte Parameter wird dann neu berechnet.  │
│                                                                     │
│ Anfangswert         : A0           100000                           │
│                                                                     │
│ Restwert            : RW           20000                            │
│                                                                     │
│ Nutzungsdauer       : n            4                                │
│                                                                     │
│ Abschreibungssatz % : p            33.13   ?                        │
│                                                                     │
│                                                                     │
│                                                                     │
├─────────────────────────────────────────────────────────────────────┤
│ für alle Perioden konstanter Abschreibungsprozentsatz               │
├─────────────────────────────────────────────────────────────────────┤
│ MEMORY 1                  0   S-Speichern R-Rückrufen PGDN-vor PGUP-zurück │
├─────────────────────────────────────────────────────────────────────┤
│ F1-Hilfe F2-Anmerkung F3-Beispiel F5-Dateien F9-Tabelle F10-rechnen ESC-Menü │
└─────────────────────────────────────────────────────────────────────┘
```

Abb. 19: Geometrisch - degressive Abschreibung

4. Zinsrechnung

Zinsen sind der Ertrag bzw. Aufwand für die Überlassung bzw. Aufnahme von Kapital. Ausschlaggebend für die Höhe der Zinsen ist erstens die Höhe des gebundenen Kapitals, zweitens der Zinssatz und drittens die Dauer der Kapitalbindung.

Bei der Zinsberechnung können die Berechnungsmethoden zum einen nach dem Zeitpunkt der Zinsverrechnung (jährlich, unterjährig, stetig), zum anderen nach der Weiterverrechnung der Zinsen klassifiziert werden. Hier ist die einfache Zinsberechnung, die Zinsberechnung mit Zinseszinsen und die gemischte Zinsberechnung zu unterscheiden.

4.1 Jährliche Verzinsung

Bei der jährlichen Verzinsung werden die Zinsen für eine Kapitalbindungsdauer von einem Jahr berechnet. Zinsberechnung und Zinsvergütung bzw. -belastung erfolgen jeweils am Ende eines Jahres. Die Höhe der Zinsen ergibt sich als Produkt aus Kapital und dem Zinssatz i. Für die Zinsen des ersten Jahres gilt:

$$Z_1 = K_0 \cdot i$$

Symbole Z_1 Zinsen am Ende des ersten Jahres
  K_0 Kapital zu Beginn der Kapitalanlage
  i Zinsfuß (-satz)

4.1.1 Jährliche Verzinsung mit einfachen Zinsen

Bei der jährlichen Verzinsung mit einfachen Zinsen führen Zinszahlungen nicht zu einer Erhöhung der bei der Zinsberechnung zugrunde zulegenden Kapitalbasis. Die Berechnungsgrundlage zur Ermittlung der Zinsen bleibt also auch bei der Anlage über mehrere Jahre mit K_0 konstant.

$$Z_t = K_0 \cdot i$$

Symbol Z_t Zinsen am Ende des Jahres t

Als Kapitalhöhe einschließlich Zinsen am Ende des 1. Jahres ergibt sich:

$$K_1 = K_0 + Z_1$$
$$K_1 = K_0 + K_0 \cdot i = K_0(1 + i)$$

Symbol K_t Kapital am Ende des Jahres t

Als Kapital am Ende der zweiten Periode ergibt sich:

$$K_2 = K_0 + Z_1 + Z_2 = K_0 + K_0 \cdot i + K_0 \cdot i$$
$$= K_0(1 + 2i)$$

Allgemein läßt sich der auf t = n bezogene Wert einer in t = 0 getätigten Kapitalanlage bei jährlicher Verzinsung mit einfachen Zinsen wie folgt herleiten:

$$K_n = K_0(1 + n \cdot i)$$

Beispiel

Wie hoch ist der Wert des Kapitals am Ende der Laufzeit von 5 Jahren bei einer Kapitalanlage in Höhe von 50000 DM? Der jährliche Zinssatz beläuft sich auf 7,5 %. Unterstellen Sie jährliche Verzinsung mit einfachen Zinsen.

❏ **Manuelle Lösung**

$$K_n = K_0(1 + n \cdot i)$$
$$K_5 = 50000(1 + 5 \cdot 0{,}075)$$
$$= 68750 \,[DM]$$

Zinsrechnung 45

❑ **fima** - Lösung

```
┌─────────────────────────────────────────────────────────────────┐
│ JÄHRLICHE VERZINSUNG MIT EINFACHEN ZINSEN                       │
├─────────────────────────────────────────────────────────────────┤
│ Geben Sie die bekannten Größen ein und markieren Sie die gesuchte Variable
│ mit Hilfe der [?]-Taste. Der markierte Parameter wird dann neu berechnet.
│                                                                 
│ Anfangskapital     : K0         50000                           
│                                                                 
│ Endkapital         : Kn         68750  ?                        
│                                                                 
│ Laufzeit in Jahren : n            5                             
│                                                                 
│ Zinssatz in %      : i           7.5                            
│                                                                 
│                                                                 
│                                                                 
├─────────────────────────────────────────────────────────────────┤
│ nomineller Zinssatz in % pro Jahr                               │
├─────────────────────────────────────────────────────────────────┤
│ MEMORY 1                 0  S-Speichern R-Rückrufen PGDN-vor PGUP-zurück │
├─────────────────────────────────────────────────────────────────┤
│ F1-Hilfe F2-Anmerkung F3-Beispiel F5-Dateien F9-Tabelle F10-rechnen ESC-Menü │
└─────────────────────────────────────────────────────────────────┘
```

Abb. 20: Jährliche Verzinsung mit einfachen Zinsen

4.1.2 Jährliche Verzinsung mit Zinseszinsen

Bei der jährlichen Verzinsung mit Zinseszinsen werden die Zinsen dem Kapital zugeschlagen und in den darauffolgenden Perioden mitverzinst. Die Berechnung der Zinsen erfolgt hierbei auf das im betrachteten Jahr gebundene Kapital. Die Höhe dieses Kapitals entspricht dem Wert des Kapitals zu Beginn des betrachteten bzw. am Ende des vorausgegangenen Jahres. Für die Berechnung der Zinsen gilt deshalb:

$$Z_t = K_{t-1} \cdot i$$

Symbol K_t Kapital am Ende des Jahres t

Für die Kapitalhöhe einschließlich Zinsen am Ende des 1. Jahres gilt:

$$K_1 = K_0 + Z_1$$
$$K_1 = K_0 + K_0 \cdot i = K_0(1+i)$$
$$K_1 = K_0 \cdot q$$

Symbol   q   Zinsfaktor $q = 1 + i$

Als Kapitalhöhe einschließlich Zinsen am Ende des 2. Jahres ergibt sich:

$$K_2 = K_1 + K_1 \cdot i = K_1(1+i) = K_1 \cdot q$$
$$K_2 = K_0 \cdot q \cdot q = K_0 \cdot q^2$$

Die allgemeine Formel zur Berechnung des Kapitals am Ende des Jahres t bei jährlicher Verzinsung mit Zinseszinsen lautet:

$$K_t = K_0 \cdot q^t$$

Beispiel

> Wie hoch ist der Endbetrag einer Kapitalanlage in Höhe von 50000 DM bei einem jährlichen Zinssatz von 7,5 %? Die Anlage der Kapitals erfolgt für 5 Jahre. Unterstellen Sie jährliche Verzinsung mit Zinseszinsen.

❑ Manuelle Lösung

$$K_n = K_0 \cdot q^n$$
$$K_5 = 50000 \cdot 1{,}43563$$
$$ = 71781{,}47\,[DM]$$

Zinsrechnung 47

☐ **fima** - Lösung

```
┌─────────────────────────────────────────────────────────────────┐
│ JÄHRLICHE VERZINSUNG MIT ZINSESZINSEN                           │
├─────────────────────────────────────────────────────────────────┤
│ Geben Sie die bekannten Größen ein und markieren Sie die gesuchte Variable │
│ mit Hilfe der [?]-Taste. Der markierte Parameter wird dann neu berechnet.  │
│                                                                 │
│ Anfangskapital     : K0            50000                        │
│                                                                 │
│ Endkapital         : Kn            71781.47  ?                  │
│                                                                 │
│ Laufzeit in Jahren : n                 5                        │
│                                                                 │
│ Zinssatz in %      : i               7.5                        │
│                                                                 │
│                                                                 │
├─────────────────────────────────────────────────────────────────┤
│ Kapital am Ende der Laufzeit                                    │
├─────────────────────────────────────────────────────────────────┤
│ MEMORY 1                  0  S-Speichern R-Rückrufen PGDN-vor PGUP-zurück │
├─────────────────────────────────────────────────────────────────┤
│ F1-Hilfe F2-Anmerkung F3-Beispiel F5-Dateien F9-Tabelle F10-rechnen ESC-Menü │
└─────────────────────────────────────────────────────────────────┘
```

Abb. 21: Jährliche Verzinsung mit Zinseszinsen

4.1.3 Jährliche Verzinsung mit gemischten Zinsen

Die gemischte Verzinsung wird angewendet, wenn die Auflösung des Kapitals nicht genau zu einem ganzzahligen Zinsberechnungszeitpunkt, d.h. nicht am Ende eines Jahres, erfolgt.

Bei dieser von Banken verwendeten Verrechnungsmethode wird die Berechnung des Kapitals am Ende der Kapitalanlage in zwei Schritte zerlegt.

Zunächst erfolgt die Ermittlung des Kapitals zum letzten ganzzahligen Zinsverrechnungszeitpunkt. Bei einer Laufzeit von viereinhalb Jahren wäre dies der Wert des Kapitals am Ende des vierten Jahres. Zugrundegelegt wird hierbei die jährliche Verzinsung mit Zinseszinsen (vgl. Kap. 4.1.2). Für die verbleibende Laufzeit der betrachteten Geldanlage (im folgenden als Restlaufzeit rl bezeichnet), die weniger als ein Jahr beträgt, werden die Zinsen anteilig durch einfache Verzinsung des oben berechneten Kapitals ermittelt. Hierbei wird zunächst der Anteil der Restlaufzeit an der einjährigen Zinsperiode berechnet. Durch Multiplikation mit dem Jahreszinsfuß i wird der Zinssatz der Restlaufzeit bestimmt. Die Zinsen ergeben sich dann als Produkt aus dem Zeitwert des Kapitals zum letzten ganzzahligen Verrechnungszeitpunkt K_g und dem soeben ermittelten Zinssatz der Restlaufzeit.

$$s = \frac{rl}{Zp}$$

$$Z^E = s \cdot i \cdot K_g$$

$$K^E = K_g + Z^E = K_g(1 + s \cdot i)$$

Symbole:
- s Anteil der Restlaufzeit an der Zinsperiode
- rl Restlaufzeit (z.B. in Monaten)
- Zp Zinsperiode (z.B. in Monaten)
- Z^E Zinsen der nicht ganzzahligen Restlaufzeit
- g Index des letzten ganzzahligen Zinsverrechnungszeitpunktes
- K^E Kapital am Ende der Laufzeit

Zinsrechnung

Beispiel

Wie hoch ist der Wert des Kapitals am Ende der Laufzeit von 4 Jahren und 6 Monaten bei einer Kapitalanlage in Höhe von 70000 DM? Der jährliche Zinssatz beträgt 8 %. Zu unterstellen ist jährliche gemischte Verzinsung.

❏ Manuelle Lösung

Zunächst wird das Kapital nach Ablauf der ersten vier Jahre ermittelt:

$$K_n = K_0 \cdot q^n$$
$$K_4 = 70000 \cdot 1{,}08^4$$
$$= 95234{,}23 \, [DM]$$

Zur Berechnung der Zinsen für die verbleibende Anlagedauer wird der Anteil der Restlaufzeit an der Dauer der Zinsperiode bestimmt:

$$s = \frac{6}{12} = 0{,}5$$

Das Kapital am Ende des Betrachtungszeitraumes von 4,5 Jahren ergibt sich als Produkt von K_4 und dem Zinsfaktor der Restlaufzeit:

$$K^E = 95234{,}23 \cdot (1 + 0{,}5 \cdot 0{,}08)$$
$$= 99043{,}60 \, [DM]$$

❏ **fima** - Lösung

```
┌─────────────────────────────────────────────────────────────────────┐
│ JÄHRLICHE VERZINSUNG MIT GEMISCHTEN ZINSEN                          │
├─────────────────────────────────────────────────────────────────────┤
│ Geben Sie die bekannten Größen ein und markieren Sie die gesuchte Variable │
│ mit Hilfe der [?]-Taste. Der markierte Parameter wird dann neu berechnet.  │
│                                                                     │
│ Anfangskapital      : K0           70000                            │
│                                                                     │
│ Endkapital          : Kn           99043.6  ?                       │
│                                                                     │
│ Laufzeit in Jahren  : n            4.5                              │
│                                                                     │
│ Zinssatz in %       : i            8                                │
│                                                                     │
│                                                                     │
├─────────────────────────────────────────────────────────────────────┤
│ Kapital am Ende der Laufzeit                                        │
├─────────────────────────────────────────────────────────────────────┤
│ MEMORY 1                    0   S-Speichern R-Rückrufen PGDN-vor PGUP-zurück │
├─────────────────────────────────────────────────────────────────────┤
│ F1-Hilfe F2-Anmerkung F3-Beispiel F5-Dateien F9-Tabelle F10-rechnen ESC-Menü │
└─────────────────────────────────────────────────────────────────────┘
```

Abb. 22: Jährliche Verzinsung mit gemischten Zinsen

4.2 Unterjährige Verzinsung

Bei der unterjährigen Verzinsung werden die Zinsen mehrmals pro Jahr berechnet und gutgeschrieben bzw. belastet. Die Zinsberechnung erfolgt hierbei in gleichmäßigen Abständen (z.B. halbjährlich oder quartalsmäßig).

Zur Ermittlung des Periodenzinssatzes ist der nominelle Jahreszinssatz i_{nom} durch die Anzahl der Zinsperioden pro Jahr zu dividieren. Der so ermittelte Periodenzinsfuß wird als relativer Zinsfuß i_{rel} bezeichnet.

$$i_{rel} = \frac{i_{nom}}{m}$$

Symbol m Anzahl der Zinsperioden pro Jahr
i_{rel} relativer Zinsfuß
i_{nom} nomineller Zinsfuß

Bei Anwendung eines Periodenzinssatzes in Höhe von i_{rel} weicht der *effektive* Jahreszinsfuß unter Berücksichtigung von Zinseszinseffekten von dem der Berechnung von i_{rel} zugrunde gelegten nominellen Jahreszinsfuß ab. Die unterjährige Verrechnung von Zinsen führt somit zu einer Differenz zwischen dem nominellen und dem effektiven Jahreszinsfuß. Bei der Rechnung mit Zinseszinsen läßt sich i_{eff} für das angeführte Beispiel wie folgt ermitteln:

$$K_0(1 + i_{eff}) = K_0\left(1 + \frac{i_{nom}}{m}\right)^m$$

<=> $$i_{eff} = \left(1 + \frac{i_{nom}}{m}\right)^m - 1$$

Symbol i_{eff} effektiver Jahreszins

Beispiel

Eine Bank bietet einen Kredit mit 12 % nomineller Verzinsung an. Zinsen werden *monatlich* in Höhe von 1 % belastet.

$$i_{eff} = \left(1 + \frac{0{,}12}{12}\right)^{12} - 1 = 0{,}12684$$

Die Effektivverzinsung beläuft sich somit auf 12,684 %.

Die Kontostaffel mit unterjähriger Verzinsung in Höhe von $i_{rel} = 1\%$ wird im folgenden dargestellt:

	DM
Ausgangskapital	1000,00
Zinsen Januar	10,00
Kapital Ende Januar	1010,00
Zinsen Februar	10,10
Kapital Ende Februar	1020,10
Zinsen März	10,20
Kapital Ende März	1030,30
Zinsen April	10,30
Kapital Ende April	1040,60
Zinsen Mai	10,41
Kapital Ende Mai	1051,01
Zinsen Juni	10,51
Kapital Ende Juni	1061,52
Zinsen Juli	10,62
Kapital Ende Juli	1072,14
Zinsen August	10,72
Kapital Ende August	1082,86
Zinsen September	10,83
Kapital Ende September	1093,69
Zinsen Oktober	10,94
Kapital Ende Oktober	1104,63
Zinsen November	11,05
Kapital Ende November	1115,68
Zinsen Dezember	11,16
Kapital Ende Dezember	1126,84

Abb. 23: Kontostaffel bei unterjähriger Verzinsung ($i_{rel} = 1\%$)

Die Kontrollrechnung ergibt:

$$K_0(1 + i_{eff}) = K_1$$
$$1000 \cdot 1{,}12684 = 1126{,}84$$

Andererseits kann der unterjährige Periodenzinssatz ermittelt werden, der zu einer jährlichen Effektivverzinsung von 12 % führt, also mit der vorgegebenen Effektivverzinsung von 12 % *konform* geht. Er wird als konformer Zinsfuß i_{kon} bezeichnet. Die Ausgangsformel zur Bestimmung von i_{kon} lautet:

$$K_0(1 + i_{eff}) = K_0(1 + i_{kon})^m$$

<=> $$(1 + i_{eff}) = (1 + i_{kon})^m$$

<=> $$i_{kon} = \sqrt[m]{1 + i_{eff}} - 1$$

Im dargestellten **Beispiel** beläuft sich der konforme Zinssatz auf:

$$i_{kon} = \sqrt[12]{1 + 0{,}12} - 1 = 0{,}00949$$

Diesem konformen Zinssatz entspricht ein nomineller Jahreszinsfuß in Höhe von

$$i_{kon} \cdot 12 = 0{,}11388 \;\hat{=}\; 11{,}388\,\%$$

Die Kontostaffel mit dem Zinsfuß $i_{kon} = 0{,}00949$ wird im folgenden dargestellt:

	DM
Ausgangskapital	1000,00
Zinsen Januar	9,49
Kapital Ende Januar	1009,49
Zinsen Februar	9,58
Kapital Ende Februar	1019,07
Zinsen März	9,67
Kapital Ende März	1028,74
Zinsen April	9,76
Kapital Ende April	1038,50
Zinsen Mai	9,86
Kapital Ende Mai	1048,36
Zinsen Juni	9,95
Kapital Ende Juni	1058,31
Zinsen Juli	10,04
Kapital Ende Juli	1068,35
Zinsen August	10,14
Kapital Ende August	1078,49
Zinsen September	10,23
Kapital Ende September	1088,72
Zinsen Oktober	10,33
Kapital Ende Oktober	1099,05
Zinsen November	10,43
Kapital Ende November	1109,48
Zinsen Dezember	10,53
Kapital Ende Dezember	1120,01

Abb. 24: Kontostaffel bei unterjähriger Verzinsung ($i_{nom} = 0{,}949\%$)

Exkurs

Im vorangegangenen Kapitel wurde zwischen dem relativen und dem konformen Zinsfuß unterschieden. Die folgenden Umformungen sollen verdeutlichen, daß beide Zinssätze bei einem einheitlichen jährlichen Effektivzinsfuß sowie einheitlicher Periodenzahl identische Ergebnisse liefern:

Es gilt:

$$1 + i_{eff} = \left(1 + \frac{i_{nom}}{m}\right)^m$$

Ferner gilt:

$$i_{kon} = \sqrt[m]{1 + i_{eff}} - 1$$

Hieraus folgt:

$$i_{kon} = \sqrt[m]{1 + i_{eff}} - 1 = \sqrt[m]{\left(1 + \frac{i_{nom}}{m}\right)^m} - 1 = \frac{i_{nom}}{m} = i_{rel}$$

Zu beachten ist, daß die Herleitung des relativen Periodenzinssatzes auf der Basis des nominellen Jahreszinsfußes, die des konformen Zinssatzes auf Basis des Effektivzinsfußes erfolgt. Der bei unterjähriger Verzinsung zugrunde gelegte Zinsfuß wird im folgenden einheitlich mit dem Begriff Periodenzins i_p gekennzeichnet.

4.2.1 Unterjährige Verzinsung mit einfachen Zinsen

Bei der unterjährigen Verzinsung mit einfachen Zinsen werden die Zinsen mehrmals pro Jahr berechnet, jedoch dem Kapital nicht zugeschlagen. Die Kapitalbasis zur Ermittlung der Zinsen bleibt mit K_0 konstant. Als Zinsen der Kapitalanlage am Ende der ersten Zinsperiode ergeben sich:

$$Z_p = K_0 \cdot i_p$$

Symbol Z_p Periodenzins

Das Kapital am Ende der ersten Zinsperiode des ersten Jahres wird wie folgt berechnet:

$$K_{1,1} = K_0 + Z_p$$

Symbol $K_{k,t}$ Kapital am Ende der Zinsperiode k des Jahres t
  k Index der betrachteten Zinsperiode im Jahr t

Allgemein läßt sich folgende Beziehung herleiten:

$$K_{k,t} = K_0 + [(t-1)m + k] Z_p$$

Der Ausdruck $(t-1)m + k$ gibt die Anzahl der insgesamt bis zur Zinsperiode k des Jahres t abgelaufenen Perioden wieder. Die Summe aller Zinsen ergibt sich aus dem Produkt der Zinsperiodenzahl und dem Periodenzins Z_p.

Beispiel

Wie hoch ist der Wert einer Kapitalanlage in Höhe von 50000 DM nach einer Laufzeit von 5 Jahren? Der nominelle jährliche Zinssatz beträgt 5 %. Unterstellen Sie unterjährige Verzinsung mit einfachen Zinsen sowie quartalsmäßige Zinsabrechnung.

❏ Manuelle Lösung

Eingesetzt in die Formeln zur Bestimmung von i_p ergibt sich:

$$i_p = \frac{i_{nom}}{m}$$

$$i_p = \frac{0{,}05}{4} = 0{,}0125$$

Die Zinsen pro Periode betragen demnach:

$$Z_p = K_0 \cdot i_p$$
$$= 50000 \cdot 0{,}0125$$
$$= 625\,[\text{DM}/\text{Periode}]$$

Die Anzahl der Zinsperioden beträgt 20. Das Kapital am Ende der Laufzeit ist wie folgt zu bestimmen:

$$K_{k,t} = K_0 + [(t-1)\cdot m + k]\, Z_p$$
$$K_{4,5} = 50000 + 20 \cdot 625$$
$$= 62500\,[\text{DM}]$$

❑ **fima** - Lösung

```
UNTERJÄHRIGE VERZINSUNG MIT EINFACHEN ZINSEN

Geben Sie die bekannten Größen ein und markieren Sie die gesuchte Variable.
Die gleichzeitige Angabe von mehreren Zinssätzen ist nicht möglich.

Anfangskapital         : K0           50000

Endkapital             : Kn           62500    ?

Laufzeit in Jahren     : n                5

Periodenzahl pro Jahr  : m                4       nicht zu berechnen

nomineller Jahreszins[%] : in             5       Sind mehrere Zinssätze
effektiver Jahreszins[%] : ie      5.094534       angegeben, so wird mit
Periodenzins[%]          : r          1.25       "in" gerechnet.

nomineller Zins in % pro Jahr

MEMORY 1                      0  S-Speichern R-Rückrufen PGDN-vor PGUP-zurück

F1-Hilfe F2-Anmerkung F3-Beispiel F5-Dateien F9-Tabelle F10-rechnen ESC-Menü
```

Abb. 25: Unterjährige Verzinsung mit einfachen Zinsen

4.2.2 Unterjährige Verzinsung mit Zinseszinsen

Bei der Zinsberechnung mit Zinseszinsen wird die zugrunde gelegte Kapitalbasis zu jedem Zinsverrechnungszeitpunkt - also m mal pro Jahr - um die Periodenzinsen erhöht. Die angefallenen Periodenzinsen werden in der darauffolgenden Periode weiterverzinst. Jedem Zinsverrechnungszeitpunkt liegt somit eine um die Zinsen der Vorperiode erhöhte Kapitalbasis zugrunde.

Ausgangspunkt ist die Berechnung der Zinsen der ersten Zinsperiode $Z_{1,1}$:

$$Z_{1,1} = K_0 \cdot i_p$$

Für die Kapitalhöhe einschließlich der Zinsen am Ende der 1. Zinsperiode gilt:

$$K_{1,1} = K_0 + Z_{1,1}$$
$$K_{1,1} = K_0 + K_0 \cdot i_p = K_0(1 + i_p)$$
$$K_{1,1} = K_0 \cdot q_p$$

Symbole q_p Zinsfaktor der Zinsperiode $q_p = 1 + i_p$
$Z_{k,t}$ Zinsen der Periode k im Jahr t

Zur Berechnung des Kapitals am Ende des Betrachtungszeitraums wird der mit der Anzahl der abgelaufenen Perioden potenzierte Periodenzinsfaktor q_p und mit dem Anfangskapital multipliziert.

Die allgemeine Formel zur Berechnung des Kapitals bei unterjähriger Verzinsung mit Zinseszinsen lautet somit:

$$K_{k,t} = K_0 \cdot q_p^{(t-1)m + k}$$

Zinsrechnung

Beispiel

> Wie hoch ist der Wert einer Kapitalanlage in Höhe von 50000 DM bei einem nominellen jährlichen Zinssatz von 8 % nach einer Laufzeit von 5 Jahren? Unterstellen Sie unterjährige Verzinsung mit Zinseszinsen sowie quartalsmäßige Zinsabrechnung.

❏ Manuelle Lösung

Die Anzahl der abgelaufenen Abrechnungsperioden am Ende des 4. Quartals des 5. Jahres beträgt:

$$(t-1)\,m + k \quad = \quad \text{Anzahl der Perioden}$$
$$(5-1)\,4 + 4 \quad = \quad 20\,[\text{Perioden}]$$

Für q_p gilt:

$$\begin{aligned} q_p &= 1 + \frac{i_{nom}}{m} \\ &= 1 + \frac{0{,}08}{4} \\ &= 1{,}02 \end{aligned}$$

Das Kapital am Ende der Laufzeit beläuft sich auf:

$$\begin{aligned} K_{k,t} &= K_0 \cdot q_p^{20} \\ K_{4,5} &= 50000 \cdot 1{,}02^{20} \\ &= 74297{,}37\,[\text{DM}] \end{aligned}$$

❑ **fima-Lösung**

```
┌─────────────────────────────────────────────────────────────────────┐
│ UNTERJÄHRIGE VERZINSUNG MIT ZINSESZINSEN                            │
├─────────────────────────────────────────────────────────────────────┤
│ Geben Sie die bekannten Größen ein und markieren Sie die gesuchte   │
│ Variable.                                                           │
│ Die gleichzeitige Angabe von mehreren Zinssätzen ist nicht möglich. │
│                                                                     │
│ Anfangskapital         : K0           50000                         │
│                                                                     │
│ Endkapital             : Kn           74297.37  ?                   │
│                                                                     │
│ Laufzeit in Jahren     : n            5                             │
│                                                                     │
│ Periodenzahl pro Jahr  : m            4         nicht zu berechnen  │
│                                                                     │
│ nomineller Jahreszins[%] : in         8         Sind mehrere        │
│ effektiver Jahreszins[%] : ie         8.243216  Zinssätze angegeben,│
│ Periodenzins[%]          : r          2         so wird mit "in"    │
│                                                 gerechnet.          │
│                                                                     │
│ Kapital am Ende der Laufzeit                                        │
│                                                                     │
│ MEMORY 1                    0   S-Speichern R-Rückrufen PGDN-vor    │
│                                                         PGUP-zurück │
├─────────────────────────────────────────────────────────────────────┤
│ F1-Hilfe F2-Anmerkung F3-Beispiel F5-Dateien F9-Tabelle F10-rechnen │
│ ESC-Menü                                                            │
└─────────────────────────────────────────────────────────────────────┘
```

Abb. 26: Unterjährige Verzinsung mit Zinseszinsen

4.2.3 Unterjährige Verzinsung mit gemischten Zinsen

Die unterjährige Verzinsung mit gemischten Zinsen wird vorgenommen, wenn das Ende der Kapitalbindung nicht mit einem Zinsverrechnungszeitpunkt übereinstimmt. Für die Dauer der nach dem letzten Zinsverrechnungszeitpunkt bestehenden Restlaufzeit wird das angelegte Kapital anteilig mit dem relativen Zinsfuß i_{rel} verzinst.

Bei dieser Verrechnungsmethode wird die Berechnung des Kapitals am Ende der Laufzeit in zwei Schritte zerlegt. Zunächst erfolgt die Ermittlung des Kapitals zum letzten turnusmäßig vorgesehenen Zinsverrechnungszeitpunkt. Zugrunde gelegt wird hierbei die unterjährige Verzinsung mit Zinseszinsen (vgl. Kap. 4.2.2).

Zinsrechnung

Für die verbleibende Restlaufzeit der betrachteten Geldanlage, die weniger als eine Zinsperiode beträgt, werden die Zinsen anteilig durch einfache Verzinsung des oben berechneten Kapitals ermittelt. Hierbei wird zunächst der Anteil der Restlaufzeit am einjährigen Zinsintervall ermittelt. Die Zinsen ergeben sich dann als Produkt aus Kapital zum letzten Verrechnungszeitpunkt und dem Zinssatz der Restlaufzeit i^E.

$$s = \frac{rl}{Zp}$$

$$i^E = s \cdot i_{nom}$$

$$Z^E = i^E \cdot K_g$$

$$K^E = K_g + Z^E = K_g + i^E \cdot K_g = K_g(1 + i^E)$$

Symbole:
- s   Anteil der Restlaufzeit am einjährigen Zinsintervall
- rl Restlaufzeit (z.B. in Monaten)
- Zp einjähriges Zinsintervall (z.B. in Monaten)
- i^E Zinssatz der Restlaufzeit
- g   Index des letzten Zinsverrechnungszeitpunktes
- K^E Kapital am Ende der Laufzeit
- Z^E Zinsen der Restlaufzeit

Beispiel

Wie hoch ist der Wert einer Kapitalanlage in Höhe von 50000 DM bei einem nominellen jährlichen Zinssatz von 8 % nach einer Laufzeit von 5 Jahren und 2 Monaten? Unterstellen Sie unterjährige Verzinsung mit gemischten Zinsen sowie quartalsmäßige Zinsabrechnung.

❏ Manuelle Lösung

Die Anzahl der vollständigen Abrechnungsperioden beträgt aufgrund der quartalsmäßigen Zinsverrechnung 20 Perioden.

Das Kapital am Ende des 4. Quartals des 5. Jahres beläuft sich auf:

$$K_{k,t} = K_0 \cdot q_p^{20}$$
$$K_{4,5} = 50000 \cdot 1{,}02^{20}$$
$$= 74297{,}37 \, [DM]$$

Zur Berechnung der Zinsen für die verbleibende Anlagedauer von zwei Monaten wird der Anteil der Restlaufzeit an der Dauer des einjährigen Zinsintervalls bestimmt und mit dem angegebenen nominellen Jahreszins multipliziert:

$$s = \frac{2}{12} = 0{,}16\overline{6}$$

$$i^E = 0{,}16\overline{6} \cdot 0{,}08 \,\hat{=}\, 0{,}013\overline{3} = 1{,}3\overline{3}\,\%$$

Das Kapital am Ende der Laufzeit ergibt sich als Produkt von $K_{4,5}$ und dem ermittelten Zinsfaktor i^E:

$$K^E = 74297{,}37 \, (1 + 0{,}013\overline{3})$$
$$= 75288 \, [DM]$$

Zinsrechnung 63

❏ **fima** - Lösung

```
┌─────────────────────────────────────────────────────────────────┐
│ UNTERJÄHRIGE VERZINSUNG MIT GEMISCHTEN ZINSEN                   │
├─────────────────────────────────────────────────────────────────┤
│ Geben Sie die bekannten Größen ein und markieren Sie die gesuchte Variable.│
│ Die gleichzeitige Angabe von mehreren Zinssätzen ist nicht möglich.│
│                                                                 │
│ Anfangskapital      : K0           50000                        │
│                                                                 │
│ Endkapital          : Kn           75288  ?                     │
│                                                                 │
│ Laufzeit in Jahren  : n            5.166667                     │
│                                                                 │
│ Periodenzahl pro Jahr : m              4     nicht zu berechnen │
│                                                                 │
│ nomineller Jahreszins[%] : in          8     Sind mehrere Zinssätze│
│ effektiver Jahreszins[%] : ie   8.243216     angegeben, so wird mit│
│ Periodenzins[%]          : r           2     "in" gerechnet.    │
│                                                                 │
│ z.B. 3.5 für 3 Jahre und 6 Monate                               │
│                                                                 │
│ MEMORY 1                 0  S-Speichern R-Rückrufen PGDN-vor PGUP-zurück│
├─────────────────────────────────────────────────────────────────┤
│ F1-Hilfe F2-Anmerkung F3-Beispiel F5-Dateien F9-Tabelle F10-rechnen ESC-Menü│
└─────────────────────────────────────────────────────────────────┘
```

Abb. 27: Unterjährige Verzinsung mit gemischten Zinsen

4.3 Stetige Verzinsung

Die stetige Verzinsung, auch Verzinsungsintensität genannt, legt bei der Ermittlung der Zinsen unterjährige Verzinsung mit Zinseszinsen zugrunde. Das Kapital wird in jedem Moment verzinst. Die Zinsen werden der Kapitalbasis zugeschlagen. Die benötigten Formeln lassen sich über Grenzwertbetrachtungen herleiten.

Zunächst sei die Berechnungsvorschrift für unterjährige Verzinsung mit Zinseszinsen für ein Jahr angegeben:

$$K_1 = K_0 \cdot \left(1 + \frac{i}{m}\right)^m$$

Durch Umformung des Quotienten $\frac{i}{m}$ kann der Klammerausdruck umgeschrieben werden.

$$\frac{i}{m} = \frac{1}{x} \quad \text{bzw.} \quad m = x \cdot i$$

Eingesetzt in die obige Formel ergibt sich:

$$K_1 = K_0 \cdot \left(1 + \frac{i}{m}\right)^m = K_0 \cdot \left(1 + \frac{1}{x}\right)^{x \cdot i}$$

Da i als konstant vorgegeben wird, führt eine Genzwertbetrachtung unter der Voraussetzung x->∞ zu denselben Ergebnissen wie eine Genzwertbetrachtung für m->∞. Aus mathematischen Gründen wird von einer Grenzwertbetrachtung für x->∞ ausgegangen. Durch Umformen ergibt sich:

$$\left(1 + \frac{1}{x}\right)^{x \cdot i} = \left[\left(1 + \frac{1}{x}\right)^x\right]^i$$

Zur Ermittlung des Grenzwertes für x->∞ wird eine Grenzwertbetrachtung für den eingeklammerten Ausdruck vorgenommen. Die Grenzwertbetrachtung führt zu folgendem Ergebnis:

$$\lim_{x \to \infty} \left(1 + \frac{1}{x}\right)^x = 2{,}7182 = e \quad \text{(= Eulersche Zahl)}$$

Zinsrechnung

Zur Veranschaulichung sollen nun einige Glieder explizit berechnet werden:

x	$\left(1+\frac{1}{x}\right)^x$	
1	$\left(1+\frac{1}{1}\right)^1$	= 2
2	$\left(1+\frac{1}{2}\right)^2$	= 2,25
3	$\left(1+\frac{1}{3}\right)^3$	= 2,3704
.		
.		
.		
1000	$\left(1+\frac{1}{1000}\right)^{1000}$	= 2,717
10000	$\left(1+\frac{1}{10000}\right)^{10000}$	= 2,718

Abb. 28: Berechnung der Eulerschen Zahl

Die Ausgangsgleichung lautet:

$$K_1 = K_0 \cdot \left(1+\frac{i}{m}\right)^m$$

Einige Umformungen führen zu folgendem Ergebnis:

$$K_1 = K_0 \cdot \left[(1+\frac{i}{x})^x\right]^i$$

Der Grenzübergang für x→∞ liefert nun das gewünschte Ergebnis für das erste Jahr der Kapitalanlage:

$$K_1 = K_0 \cdot e^i$$

Soll das Kapital für mehrere Perioden angelegt werden, so geht für die Berechnung der Zinsen des 2. Jahres K_1 als Kapitalbasis ein. K_2 ergibt sich dann als:

$$\begin{aligned} K_2 &= K_1 \cdot e^i \\ &= K_0 \cdot e^i \cdot e^i \\ &= K_0 \cdot (e^i)^2 = K_0 \cdot e^{2i} \end{aligned}$$

Für eine n-jährige Kapitalanlage gilt allgemein:

$$K_n = K_0 \cdot e^{n \cdot i}$$

Bei einem gegebenen effektiven Jahreszinssatz i_{eff} muß der bei stetiger Verzinsung benötigte Zinssatz i (in der Literatur auch ρ genannt) durch folgende Ausgangsgleichung berechnet werden:

$$e^i = 1 + i_{eff}$$

Beispiel

Wie hoch ist der Wert einer Kapitalanlage in Höhe von 50000 DM bei einem nominellen jährlichen Zinssatz von 8 % nach einer Laufzeit von 5 Jahren? Unterstellen Sie stetige Verzinsung.

❏ Manuelle Lösung

Die angegebene Datensituation kann ohne weitere Umformungen in die entwickelte Formel eingesetzt werden:

$$K_n = K_0 \cdot e^{n \cdot i}$$

Zinsrechnung

$$K_5 = 50000 \cdot e^{5 \cdot 0,08}$$
$$= 50000 \cdot 2,718^{0,4}$$
$$= 50000 \cdot 1,4918 \quad = 74591,23 \, [DM]$$

❑ **fima**-Lösung

```
┌─────────────────────────────────────────────────────────────────┐
│ STETIGE VERZINSUNG (MOMENTANVERZINSUNG)                         │
├─────────────────────────────────────────────────────────────────┤
│ Geben Sie die bekannten Größen ein und markieren Sie die gesuchte Variable │
│ mit Hilfe der [?]-Taste. Der markierte Parameter wird dann neu berechnet.  │
│                                                                 │
│ Anfangskapital     : K0           50000                         │
│                                                                 │
│ Endkapital         : Kn           74591.23   ?                  │
│                                                                 │
│ Laufzeit in Jahren : n            5                             │
│                                                                 │
│ Zinssatz in %      : i            8                             │
│                                                                 │
│                                                                 │
├─────────────────────────────────────────────────────────────────┤
│ Kapital am Ende der Laufzeit                                    │
│ MEMORY 1                    0  S-Speichern R-Rückrufen PGDN-vor PGUP-zurück │
├─────────────────────────────────────────────────────────────────┤
│ F1-Hilfe   F2-Anmerkung   F3-Beispiel   F5-Dateien   F10-rechnen   ESC-Menü │
└─────────────────────────────────────────────────────────────────┘
```

Abb. 29: Stetige Verzinsung

4.4 Berechnung von Zinssätzen

Die im 4. Kapitel dargestellten Zusammenhänge zwischen nominellem und effektivem Jahreszinsfuß sowie dem Periodenzinssatz können in **fima** im Menüpunkt "Berechnung von Zinssätzen" noch einmal separat berechnet werden. Zusätzlich zur Eingabe eines der oben angegebenen Zinssätze ist noch die Angabe der Periodenanzahl pro Jahr erforderlich.

5. Investitionsrechnung

Mit der Investitionsrechnung wird das Ziel verfolgt, Entscheidungsunterlagen zur Beurteilung der Vorteilhaftigkeit von Investitionsobjekten zu erstellen. Üblicherweise wird zwischen der statischen und der dynamischen Investitionsrechnung unterschieden. Während die statische Investitionsrechnung ihre Aussagen auf Durchschnittswerte einer repräsentativen Periode des Investitionsobjektes stützt, ist die dynamische Investitionsrechnung durch eine mehrperiodige Betrachtung der einem Investitionsobjekt zurechenbaren Zahlungen gekennzeichnet. Der Vektor der von der Investition verursachten Zahlungen wird als Zahlungsreihe bezeichnet. Die Zahlungsreihe des Investitionsobjektes umfaßt die Anschaffungsauszahlung der Investition (a_0), die Einzahlungsüberschüsse im Laufe der Nutzungsdauer (d_t) sowie den Zahlungsüberschuß aus der Liquidation (Veräußerung incl. Verschrottung, Entsorgung) des Investitionsobjektes am Ende der Nutzungsdauer (L_n). In der Investitionsrechnung ist es üblich, die Anschaffungsauszahlung auf den Anfang des ersten Jahres, die Einzahlungsüberschüsse jeweils auf das Ende eines Jahres und die finanziellen Konsequenzen der Liquidation auf das Ende der Nutzungsdauer zu beziehen.

Die Zahlungsreihe der Investition enthält keine der Finanzierungsseite zurechenbaren Zahlungen. Kreditaufnahmen, Tilgungen, Kreditzinsen sowie Geldanlagen, -rückflüsse und Guthabenzinsen werden erst durch die Berechnungen der Finanzmathematik implizit berücksichtigt. Dabei werden die Zinsen durch Ansatz eines Kalkulationszinsfußes, mit dem die Elemente der Zahlungsreihe auf- und/oder abgezinst werden, bestimmt. Üblicherweise wird von jährlicher Verzinsung mit Zinseszinsen ausgegangen (vgl. Kap. 4.1.2).

Als Zielwerte werden im folgenden Gegenwartswert, Kapitalwert, zusätzlicher Endwert, Annuität sowie der interne Zinsfuß und die Pay-off-Periode dargestellt.

5.1 Der generelle klassische Zielwert: Der Gegenwartswert

Zur Herleitung des Gegenwartswertes werden alle Zahlungen der betrachteten Zahlungsreihe auf einen bestimmten Zeitpunkt t* bezogen. Vor diesem Bezugszeitpunkt anfallende Zahlungen werden auf t* aufgezinst. Zahlungen zum Zeitpunkt t* werden in nomineller Höhe angesetzt, zeitlich nach t* auftretende Zahlungen werden auf den Bezugszeitpunkt abgezinst.

Ausgangspunkt der Berechnung ist die in Kap. 4.1.2 hergeleitete Aufzinsungsformel:

$$K_t = K_0 \cdot q^t$$

Zur *Aufzinsung* der im Zeitpunkt t anfallenden Zahlung auf den Zeitpunkt t* wird die obige Formel weiter umgeformt. Der Wert von K_t im Bezugszeitpunkt t* läßt sich wie folgt bestimmen:

$$K_{t*} = K_t \cdot q^{t*-t} \qquad \text{für } t* > t$$

Symbole   t   Zahlungszeitpunkt
               t*   Bezugszeitpunkt

Als allgemeine *Abzinsungsformel* ergibt sich:

$$\begin{aligned} K_{t*} &= \frac{K_t}{q^{t-t*}} \qquad \text{für } t > t* \\ &= K_t \cdot q^{-(t-t*)} \\ &= K_t \cdot q^{t*-t} \end{aligned}$$

Bei Zahlungen im Zeitpunkt t* entspricht der Zahlungszeitpunkt t dem Bezugszeitpunkt t*. Diese Zahlungen behalten bei der Berechnung des Gegenwartswertes ihren ursprünglichen Wert.

Aufgrund der Identität von Auf- und Abzinsungsformel ist der Wertebereich dieser Formel bezüglich t und t* nicht beschränkt. Deshalb ist diese Formel für alle Zeitpunkte gültig.

Die generelle Formel zur Verdichtung sämtlicher Elemente einer Zahlungsreihe auf den Zeitpunkt t* ist wie folgt definiert:

$$G_{t*} = \sum_{t=0}^{n} d_t \cdot q^{t*-t}$$

Symbole G_{t*} Gegenwartswert zum Zeitpunkt t*
d_t Einzahlungsüberschuß im Zeitpunkt t
q   Zinsfaktor q = 1 + i
n   Periodenzahl des Betrachtungszeitraums

Beispiel

Wie hoch ist der Gegenwartswert zu den Zeitpunkten t = 4 und t = 5 bei einer Investition, die durch folgende Zahlungsreihe gekennzeichnet ist:

t = 0	t = 1	t = 2	t = 3	t = 4	t = 5
-18000	-4000	3200	19040	5972	3785

Der Kalkulationszinsfuß beträgt 10 %.

❏ Manuelle Lösung

Der Gegenwartswert einer Zahlungsreihe ergibt sich als Summe der auf einen bestimmten Zeitpunkt auf- bzw. abgezinsten Zahlungen:

$$G_{t*} = \sum_{t=0}^{n} d_t \cdot q^{t*-t}$$

Die Gegenwartswerte zu den Zeitpunkten t = 4 und t = 5 lassen sich wie folgt bestimmen:

$$G_{t^*=4} = -18000 \cdot 1{,}4641 - 4000 \cdot 1{,}331$$
$$+ 3200 \cdot 1{,}21 + 19040 \cdot 1{,}1$$
$$+ 5972 + 3785 \cdot 0{,}91$$
$$= 2551\,[\text{DM}]$$

$$G_{t^*=5} = -18000 \cdot 1{,}6105 - 4000 \cdot 1{,}4641$$
$$+ 3200 \cdot 1{,}331 + 19040 \cdot 1{,}21$$
$$+ 5972 \cdot 1{,}1 + 3785$$
$$= 2806\,[\text{DM}]$$

❑ **fima** - Lösung

```
┌─────────────────────────────────────────────────────────────────────────┐
│ GEGENWARTSWERTE EINER INVESTITION                                       │
├─────────────────────────────────────────────────────────────────────────┤
│ Nutzungsdauer : n        5      Kalkulationszinsfuß [%] : i       10    │
│ Zahlung in:                                                             │
│ t= 0       -18000                                                       │
│ t= 1        -4000   t= 6     0   t=11     0   t=16     0                │
│ t= 2         3200   t= 7     0   t=12     0   t=17     0                │
│ t= 3        19040   t= 8     0   t=13     0   t=18     0                │
│ t= 4         5972   t= 9     0   t=14     0   t=19     0                │
│ t= 5         3785   t=10     0   t=15     0   t=20     0                │
│ Gegenwartswert in:                                                      │
│ t= 0       1742.44                                                      │
│ t= 1       1916.69  t= 6     0   t=11     0   t=16     0                │
│ t= 2       2108.35  t= 7     0   t=12     0   t=17     0                │
│ t= 3       2319.19  t= 8     0   t=13     0   t=18     0                │
│ t= 4       2551.11  t= 9     0   t=14     0   t=19     0                │
│ t= 5       2806.22  t=10     0   t=15     0   t=20     0                │
├─────────────────────────────────────────────────────────────────────────┤
│ Einzahlungüberschuß in t= 5                                             │
├─────────────────────────────────────────────────────────────────────────┤
│ MEMORY 1                  0   S-Speichern R-Rückrufen PGDN-vor PGUP-zurück │
├─────────────────────────────────────────────────────────────────────────┤
│ F1-Hilfe F2-Anmerkung F3-Beispiel F5-Dateien F9-Tabelle F10-rechnen ESC-Menü │
└─────────────────────────────────────────────────────────────────────────┘
```

Abb. 30: Gegenwartswerte einer Investition

5.2 Spezielle klassische Zielwerte

Die klassischen Zielwerte Kapitalwert, zusätzlicher Endwert, Annuität und interner Zinsfuß sowie die Pay-off-Periode lassen sich auf die Berechnung des Gegenwartswertes zu einem bestimmten Zeitpunkt zurückführen.[1] Sie werden deshalb als spezielle klassische Zielwerte bezeichnet.

- Der Kapitalwert

Der Kapitalwert eines Investitionsobjektes errechnet sich als Gegenwartswert einer Investition in bezug auf den Zeitpunkt $t^* = 0$. Der Kapitalwert ist wie folgt definiert:

$$C = \sum_{t=0}^{n} d_t \cdot q^{-t}$$

Symbol   C   Kapitalwert

Ist in $t = 0$ allein die Anschaffungsauszahlung a_0 fällig, so läßt sich der Einzahlungsüberschuß d_0 durch $-a_0$ ersetzen. Die Formel für C hat somit folgendes Aussehen:

$$C = -a_0 + \sum_{t=1}^{n} d_t \cdot q^{-t}$$

Symbol a_0 Anschaffungsauszahlung

---

[1] Das Programm **fima** stellt sämtliche Ergebnisse der klassischen Zielwerte in einer Ausgabemaske dar. Zur Vermeidung von Wiederholungen wird daher in den einzelnen Unterpunkten auf die Darstellung von Beispielen verzichtet. Ein **fima** - Beispiel mit der Berechnung sämtlicher klassischer Zielwerte wird am Schluß dieses Kapitels dargestellt.

- Zusätzlicher Endwert

Der Gegenwartswert in bezug auf $t^* = n$ wird als zusätzlicher Endwert eines Investitionsobjektes bezeichnet. Er stellt die Differenz zwischen dem Endwert bei Durchführung der Investition und dem Endwert bei Durchführung der Opportunität dar:

$$\Delta EW = EW^M - EW^O$$

Symbole $\quad \Delta EW \quad$ Zusätzlicher Endwert

$\qquad\quad EW^M \quad$ Endwert bei Realisierung der Investition
$\qquad\qquad\qquad$ (Mit Investition)

$\qquad\quad EW^O \quad$ Endwert bei Realisierung der Opportunität
$\qquad\qquad\qquad$ (Ohne Investition)

Der Endwert bei Durchführung der Investition ergibt sich wie folgt:

$$EW^M = \sum_{t=0}^{n} d_t \cdot q^{n-t}$$

Die Zahlung zu Beginn der Investition ergibt sich als Differenz aus eigenen liquiden Mitteln (hier als Eigenkapital EK bezeichnet) und der Anschaffungsauszahlung. Folglich gilt:

$$EW^M = (EK - a_0) q^n + \sum_{t=1}^{n} d_t \cdot q^{n-t}$$

Symbol $\quad$ EK $\quad$ Eigenkapital

Der Endwert der Opportunität berechnet sich durch Aufzinsung des Eigenkapitals auf den Endzeitpunkt:

$$EW^O = EK \cdot q^n$$

Für den zusätzlichen Endwert ergibt sich die Berechnungsvorschrift:

$$\Delta EW = (EK - a_0)q^n + \sum_{t=1}^{n} d_t \cdot q^{n-t} - EK \cdot q^n$$

$$= -a_0 \cdot q^n + \sum_{t=1}^{n} d_t \cdot q^{n-t}$$

- Annuität

Die Annuität ist als Folge gleicher Einzahlungsüberschüsse definiert, deren Anzahl mit der Periodenanzahl des Investitionsobjektes übereinstimmt. Das 1. Element der Annuität ist auf den Zeitpunkt $t = 1$ bezogen. Der Kapitalwert der Annuität einer Investition ist mit dem Kapitalwert der ursprünglichen Zahlungsreihe der Investition identisch. Die durch die Annuität bestimmte Reihe gleicher Einzahlungsüberschüsse kennzeichnet den *durchschnittlichen* Zahlungsüberschuß pro Jahr, der auch als äquivalenter Periodengewinn bezeichnet wird. Formell gilt für die Annuität a der folgende Zusammenhang:

$$C = -a_0 + \sum_{t=1}^{n} d_t \cdot q^{-t} \stackrel{!}{=} \sum_{t=1}^{n} a \cdot q^{-t}$$

$$= a \sum_{t=1}^{n} q^{-t}$$

Symbol   a   Annuität

Die Summe $\sum_{t=1}^{n} q^{-t}$ stellt eine geometrischen Reihe dar und kann in einem kompakten Ausdruck dargestellt werden (vgl. Kap. 2.2.4). Die Arbeitsschritte bei der Herleitung des nötigen Gleichungssystems sollen hier kurz demonstriert werden.

Zunächst werden die Elemente der geometrischen Reihe explizit aufgeführt:

$$S = q^{-1} + q^{-2} + q^{-3} + \ldots + q^{-n+1} + q^{-n}$$

Durch Multiplikation mit dem Faktor q ergibt sich eine Gleichung, von der die Ursprungsgleichung subtrahiert wird:

I $\quad S \cdot q \;=\; q^0 + q^{-1} + q^{-2} + \ldots + q^{-n+2} + q^{-n+1}$

II $\quad S \quad\;\;=\quad\;\;\; + q^{-1} + q^{-2} - \ldots \quad\quad\;\; + q^{-n+1} + q^{-n}$

I - II $\quad S \cdot q - S = q^0 \quad\quad\quad\quad\quad\quad\quad\quad - q^{-n}$

=> $\quad S \cdot q - S \;=\; 1 - q^{-n}$

$\quad\quad S \cdot (q-1) \;=\; 1 - \dfrac{1}{q^n}$

Der Ausdruck q - 1 wird durch den Zinfuß i ersetzt:

$$S \cdot i \;=\; \frac{q^n - 1}{q^n}$$

$$S \;=\; \frac{q^n - 1}{q^n \cdot i}$$

Durch Umformung der Ausgangsgleichung läßt sich a herleiten:

$$C = a \cdot S$$

<=> $\quad a = \dfrac{C}{S}$

<=> $\quad a = C \dfrac{q^n \cdot i}{q^n - 1} = C \cdot ANF_{n,i}$

Symbol $\quad ANF_{n,i}$ Annuitätenfaktor bei einer Nutzungsdauer von n Jahren und einem Kalkulationszinsfuß i

Der Annuitätenfaktor wird auch als Wiedergewinnungsfaktor bezeichnet.

- Interner Zinsfuß

Der interne Zinsfuß einer Zahlungsreihe kennzeichnet denjenigen Kalkulationszinsfuß, bei dem der Kapitalwert der Zahlungsreihe gleich Null ist. Formelmäßig bedeutet das:

$$C = -a_0 + \sum_{t=1}^{n} d_t \cdot (1+r)^{-t} \stackrel{!}{=} 0$$

Symbol   r   interner Zinsfuß

Die Lösung des internen Zinsfußes ist nicht immer eindeutig. In Abhängigkeit von den mathematischen Eigenschaften können auch mehrwertige oder nicht reellwertige Lösungen auftreten.

Folgende Beispiele sollen die Probleme bei der Herleitung des internen Zinsfußes verdeutlichen:

$$a_0 = 7000$$
$$d_1 = 8000$$

=> $\quad C = -7000 + 8000(1+r)^{-1} \stackrel{!}{=} 0$

Durch Auflösen der Formel nach r ergibt sich:

$$8000(1+r)^{-1} = 7000$$
$$1 + r = \frac{8000}{7000}$$
$$r = 1{,}142857 - 1 = 0{,}142857$$

Die Herleitung des internen Zinsfußes ist in diesem Fall eindeutig.

Eine mehrdeutige Lösung ergibt sich bei folgender Datensituation:

$a_0 = 100$
$d_1 = 105$
$d_2 = 10$

=> $C = -100 + 105(1+r)^{-1} + 10(1+r)^{-2} \stackrel{!}{=} 0$

(1+r) wird zur Vereinfachung durch q ersetzt. Außerdem wird die Gleichung mit q^2 multipliziert:

$-100 \cdot q^2 + 105 \cdot q + 10 = 0$
$100 \cdot q^2 - 105 \cdot q = 10$
$q^2 - 1{,}05 \cdot q = 0{,}1$
$(q - 0{,}0525)^2 = 0{,}1 + 0{,}525^2$
$q - 0{,}525 = \pm \sqrt[2]{(0{,}1 + 0{,}2756)}$
$= \pm 0{,}613$

Für das dargestellte Beispiel ergeben sich zwei reellwertige Lösungen:

$q_1 = +0{,}613 + 0{,}525 = 1{,}138$ => $r_1 = 0{,}138$
$q_2 = -0{,}613 + 0{,}525 = -0{,}088$ => $r_2 = -1{,}088$

Ein *negativer* Zinsfuß ist ökonomisch nicht relevant. Die mathematisch mehrdeutige Lösung kann daher als ökonomisch eindeutig bezeichnet werden. Ein Problem ergibt sich jedoch im nächsten Beispiel:

$a_0 = 20000$
$d_1 = 44000$
$d_2 = -24170$

=> $C = -20000 + 44000(1+r)^{-1} - 24170(1+r)^{-2} \stackrel{!}{=} 0$

(1+r) wird wiederum durch q ersetzt:

$$20000 \cdot q^2 - 44000 \cdot q = -24170$$
$$q^2 - 2{,}2 \cdot q = -1{,}2085$$
$$(q - 1{,}1)^2 = -1{,}2085 + 1{,}1^2$$
$$q - 1{,}1 = \pm \sqrt[2]{(-1{,}2085 + 1{,}21)}$$
$$= \pm 0{,}04$$

Für den internen Zinsfuß existieren zwei positive Lösungen:

$$q_1 = +0{,}04 + 1{,}1 = 1{,}14 \Rightarrow r_1 = 0{,}14$$
$$q_2 = -0{,}04 + 1{,}1 = 1{,}06 \Rightarrow r_2 = 0{,}06$$

Das dargestellte Beispiel ist auch ökonomisch mehrdeutig, da beide Lösungen positiv sind.

Im folgenden Fall ist *keine* reellwertige Lösung vorhanden:

$$a_0 = -100$$
$$d_1 = 200$$
$$d_2 = -200$$

$\Rightarrow \quad C = -100 + 200(1 + r)^{-1} - 200(1 + r)^{-2} \stackrel{!}{=} 0$

Nach Ersetzen von $(1 + r)$ durch q ergibt sich:

$$100 \cdot q^2 - 200 \cdot q = -200$$
$$q^2 - 2 \cdot q = -2$$
$$(q - 1)^2 = -2 + 1 = -1$$

Da die Wurzel aus einer negativen Zahl nicht reell ist, existiert kein interner Zinsfuß.

Bedingungen für eindeutige Lösungen

Der interne Zinsfuß ist eindeutig, wenn die Kapitalwertfunktion genau einen Schnittpunkt mit der i-Achse aufweist. In diesem Fall gelten die beiden folgenden Bedingungen:

1. Bedingung: Wenn die Zahlungsreihe einen und nur einen Vorzeichenwechsel aufweist, besteht *höchstens* ein Schnittpunkt mit der i-Achse.

Eine Funktion hat höchstens einen Schnittpunkt mit der i-Achse, wenn sie *streng monoton* verläuft. Der Nachweis der Monotonie einer Funktion soll für den Fall eines Vorzeichenwechsels unmittelbar nach dem ersten Element dargestellt werden:

Eine Kapitalwertfunktion ist streng monoton fallend, wenn die erste Ableitung nach q als unabhängige Variable < 0 ist.

Allgemein gilt:

$$C(q) = -a_0 + d_1 \cdot q^{-1} + ... + d_n \cdot q^{-n} \qquad (1)$$

$$\frac{dC}{dq} = -d_1 \cdot q^{-2} - 2 d_2 \cdot q^{-3} - ... - n \cdot d_n \cdot q^{-n-1} < 0 \qquad (2)$$

Für eine Kapitalwertfunktion mit einem Vorzeichenwechsel in der Zahlungsreihe der Art - ++...+ ist die oben angegebene Bedingung erfüllt. Diese Funktion ist folglich streng monoton fallend.

2. Bedingung: Für i=0 ist der Kapitalwert positiv. Für diesen Fall ist *mindestens* ein Schnittpunkt gegeben.

Wenn $C(i=0) > 0$, dann hat die Kapitalwertfunktion mindestens einen Schnittpunkt mit der Abszisse, da ihr Grenzwert für $i \to \infty$ negativ ist (Zwischenwertsatz[1])

$$\lim_{i \to \infty} C = -a_0 < 0.$$

Fazit: Wenn die Kapitalwertfunktion *höchstens* einen und *mindestens* einen Schnittpunkt mit der Abzisse aufweist, dann existiert *genau* ein eindeutiger interner Zinsfuß.

- Pay-off-Periode

Die Pay-off-Periode kennzeichnet diejenige Periode t_p, in der der Kapitalwert in Abhängigkeit von t erstmals positiv oder gleich Null ist.

$$-a_0 + \sum_{t=1}^{t'} d_t \cdot q^{-t} \geq 0$$

---

[1] vgl. Forster, O. (1983), S. 65.

Investitionsrechnung

Beispiel

> Eine Investition ist durch folgende Zahlungsreihe gekennzeichnet:
>
> | t = 0 | t = 1 | t = 2 | t = 3 | t = 4 | t = 5 |
> |---|---|---|---|---|---|
> | -18000 | -4000 | 3200 | 19040 | 5972 | 3785 |
>
> Der Kalkulationszinsfuß beträgt 10 %, zu Beginn der Investition sind liquide Mittel in Höhe von 9000 DM vorhanden.
>
> Ermitteln Sie zur Beurteilung der Vorteilhaftigkeit dieser Investition den Kapitalwert, den zusätzlichen Endwert, die Annuität, den internen Zinsfuß sowie als Zusatzinformation die Pay-off-Periode.

❏ Manuelle Lösung

- Kapitalwert

$$C = -a_0 + \sum_{t=1}^{n} d_t \cdot q^{-t}$$

$$C = -18000 - 4000 \cdot 1{,}1^{-1} + 3200 \cdot 1{,}1^{-2} + 19040 \cdot 1{,}1^{-3} + 5972 \cdot 1{,}1^{-4} + 3785 \cdot 1{,}1^{-5}$$

$$= 1742 \, [DM]$$

- Zusätzlicher Endwert

$$\Delta EW = EW^M - EW^O$$

$$EW^M = (EK - a_0) q^n + \sum_{t=1}^{n} d_t \cdot q^{n-t}$$

$$EW^M = (9000 - 18000) \cdot 1{,}1^5 - 4000 \cdot 1{,}1^4 + 3200 \cdot 1{,}1^3$$
$$+ 19040 \cdot 1{,}1^2 + 5972 \cdot 1{,}1 + 3785$$
$$= 17301 \, [DM]$$

$$EW^O = EK \cdot q^n$$

$$EW^O = 9000 \cdot 1{,}1^5 = 14495 \, [DM]$$

$$\Delta EW = EW^M - EW^O$$

$$\Delta EW = 17301 - 14495 = 2806 \, [DM]$$

- Annuität

Die Berechnung der Annuität beruht auf dem weiter oben bereits berechneten Kapitalwert in Höhe von 1742 DM. Für die Annuität gilt:

$$a = C \cdot ANF_{n,i}$$
$$a = 1742 \cdot \frac{0{,}1 \cdot 1{,}1^5}{1{,}1^5 - 1}$$
$$= 460 \, [DM/Jahr]$$

- Interner Zinsfuß

Bei der vorgegebenen Datensituation ist die Ermittlung der Lösung offensichtlich nur iterativ möglich. Die Herleitung des internen Zinsfußes erfolgt daher durch einen Suchprozeß, der im folgenden dokumentiert ist:

i	C(i)	Kommentar
0,11	1095	i < r
0,14	-693	i > r
0,12	475	i < r
0,13	-121	i > r
0,125	174	i < r
0,128	-4	i ≅ r

Abb. 31: Herleitung des internen Zinsfußes

Der interne Zinsfuß beträgt 12,8%.

- Pay-off-Periode

Das sukzessive Herleiten der Kapitalwerte zum Zeitpunkt t' geht aus folgender Tabelle hervor:

t'	$-a_0$	$+d_1 \cdot q^{-1}$	$+d_2 \cdot q^{-2}$	$+d_3 \cdot q^{-3}$	$+d_4 \cdot q^{-4}$	$+d_5 \cdot q^{-5}$	$\lessgtr$	0
1	-18000	-3636					<	0
2	-18000	-3636	2645				<	0
3	-18000	-3636	2645	14305			<	0
4	-18000	-3636	2645	14305	4079		<	0
5	-18000	-3636	2645	14305	4079	2350	>	0

Abb. 32: Herleitung der Pay-off-Periode

Die Pay-off-Periode des Investitionsobjektes ist erst am Ende der Nutzungsdauer in t' = 5 erreicht, da dann der Kapitalwert erstmalig > 0 ist.

◻ fima-Lösung

```
ZIELWERTE DER KLASSISCHEN INVESTITIONSRECHNUNG

Nutzungsdauer : n        5      Kalkulationszinsfuß [%] : i        10

Zahlung in:
t= 0       -18000
t= 1        -4000  t= 6         0  t=11         0  t=16         0
t= 2         3200  t= 7         0  t=12         0  t=17         0
t= 3        19040  t= 8         0  t=13         0  t=18         0
t= 4         5972  t= 9         0  t=14         0  t=19         0
t= 5         3785  t=10         0  t=15         0  t=20         0

Kapitalwert            : C         1742.44
zusätzlicher Endwert   : dEW       2806.22
Annuität               : a          459.65
Pay-off-Periode        : tp              5
interner Zinsfuß [%]   : r       12.793652

Einzahlungüberschuß in t= 5

MEMORY 1                       0   S-Speichern R-Rückrufen PGDN-vor PGUP-zurück

F1-Hilfe F2-Anmerkung F3-Beispiel F5-Dateien F9-Tabelle F10-rechnen ESC-Menü
```

Abb. 33: Zielwerte der klassischen Investitionsrechnung

Schlußbemerkung zur Investitionsrechnung

Abschließend sei bemerkt, daß der Stellenwert der finanzmathematischen (= klassischen) Investitionsrechnung durch das Vordringen einer tabellenorientierten Betrachtung gesunken ist. Die Tabellenorientierung bietet nicht nur bessere Interpretationsmöglichkeiten der impliziten Prämissen (z.B. des internen Zinsfußes), sondern sie verfügt auch über ein hohes Maß an Ausbaufähigkeit in bezug auf Finanzierungsannahmen und steuerliche Aspekte.

6. Rentenrechnung

Unter einer Rente versteht man in der Finanzmathematik eine Folge von regelmäßig wiederkehrenden Zahlungen mit im allgemeinen konstanten Beträgen. Renten, die nur für eine begrenzte Zeit anfallen, werden mit dem Begriff *endliche* Renten umschrieben. Renten, deren Laufzeit unbeschränkt ist, werden als *unendliche* Renten bezeichnet. Ferner sind *vorschüssige* und *nachschüssige* Renten zu unterscheiden. Zahlungen zu Beginn der Betrachtungsperiode werden vorschüssige Renten genannt. Erfolgt die Rentenzahlung jeweils am Periodenende, so handelt es sich um eine nachschüssige Rente.

Die Aufgabe der Rentenrechnung besteht in der Ermittlung von Barwerten und Endwerten in bezug auf die betrachtete Rente bzw. in der Herleitung der Renten bei gegebenen Bar- oder Endwerten. Als Periodenlänge wird im Grundmodell ein Jahr angenommen. Unterjährige Renten und dynamisches Anwachsen von Renten sollen hier nicht dargestellt werden.

6.1 Endliche Rente

6.1.1 Vorschüssige endliche Rente

Bei der vorschüssigen endlichen Rente erfolgt die erste Rentenzahlung bereits am Anfang der ersten Periode (hier: des ersten Jahres). Auch für alle weiteren Zahlungen gilt der Beginn der jeweiligen Periode als Zahlungszeitpunkt.

Zur Berechnung des Wertes der Rente am Ende des Betrachtungszeitraumes n, des *Rentenendwertes*, dient die folgende Gleichung:

Rentenrechnung

$$REW_{n,i} = \tilde{r} \cdot q^n + \tilde{r} \cdot q^{n-1} + \ldots + \tilde{r} \cdot q^1$$

Symbole $REW_{n,i}$ Rentenendwert für eine Rente mit der Laufzeit n bei einem Zinssatz von i

$\tilde{r}$ Rentenzahlung der vorschüssigen Rente

Die kompakte Ermittlung des Rentenendwertes erfolgt mit Hilfe der bewährten Umformung (vgl. Kap. 2.2.4). Durch Multiplikation mit dem Zinsfaktor q ergibt sich aus der oben angeführten Formel zur Bestimmung des Rentenendwertes eine Gleichung, von der die Ursprungsgleichung subtrahiert wird:

I $\quad q \cdot REW_{n,i} \quad = \quad \tilde{r} \cdot q^{n+1} + \tilde{r} \cdot q^n + \ldots + \tilde{r} \cdot q^2$

II $\quad REW_{n,i} \quad = \quad \quad\quad\quad\quad + \tilde{r} \cdot q^n + \ldots + \tilde{r} \cdot q^2 + \tilde{r} \cdot q$

I - II $\quad q \cdot REW_{n,i} - REW_{n,i} = \tilde{r} \cdot q^{n+1} \quad\quad\quad\quad\quad\quad - \tilde{r} \cdot q$

Die Umformung des Ergebnisses führt zu folgendem kompakten Ausdruck:

$$REW_{n,i}(q-1) = \tilde{r} \cdot q^{n+1} - \tilde{r} \cdot q$$
$$= \tilde{r} \cdot q(q^n - 1)$$
$$REW_{n,i} = \tilde{r} \cdot q \cdot \frac{q^n - 1}{q - 1}$$

Für q > 1 kann der Rentenendwert für beliebige endliche Laufzeiten berechnet werden.

Der Ausdruck

$$REF_{n,i}^v = q \cdot \frac{q^n - 1}{q - 1}$$

wird als Rentenendwertfaktor bei vorschüssigen Zahlungen oder als vorschüssiger Rentenendwertfaktor bezeichnet.

Neben der Endwertberechnung einer Rente ist in der Finanzmathematik auch der aktuelle Wert der Rente, der *Rentenbarwert*, von Interesse. Seine Herleitung erfolgt durch Abzinsen des Rentenendwertes auf den Zeitpunkt $t=0$:

$$RBW_{n,i} = \frac{REW_{n,i}}{q^n} = \tilde{r} \cdot \frac{q}{q^n} \cdot \frac{q^n - 1}{q - 1}$$

$$= \tilde{r} \cdot \frac{1}{q^{n-1}} \cdot \frac{q^n - 1}{q - 1}$$

Symbol $RBW_{n,i}$ Rentenbarwert bei einer Laufzeit von n Jahren und einem Zinssatz von i

Der Ausdruck

$$RBF^v_{n,i} = \frac{1}{q^{n-1}} \cdot \frac{q^n - 1}{q - 1}$$

wird auch als vorschüssiger Rentenbarwertfaktor bezeichnet. Folglich ergibt sich

$$RBW_{n,i} = \tilde{r} \cdot RBF^v_{n,i}$$

Symbol $RBF^v_{n,i}$ vorschüssiger Rentenbarwertfaktor bei einer Laufzeit von n Jahren und einem Zinssatz von i

Zur Kennzeichnung von vor- und nachschüssigen *Renten* wird hier zwischen $\tilde{r}$ und r unterschieden. Die *Faktoren* werden - falls dies nicht aus dem Kontext hervorgeht - mit einem hochgestellten Index v bzw. n bezeichnet.

Rentenrechnung

Beispiel

Eine Rente mit jährlichen Zahlungen in Höhe von 48000 DM fällt jährlich vorschüssig an. Sie ist auf fünf Jahre befristet. Der Kalkulationszinsfuß beläuft sich auf 8 %. Zu berechnen sind Endwert und Barwert dieser Rente.

❑ Manuelle Lösung

Ermittlung des Rentenendwertes

$$REW_{n,i} = \tilde{r} \cdot q \cdot \frac{q^n - 1}{q - 1}$$

$$REW_{5;0,08} = 48000 \cdot 1,08 \cdot \frac{1,08^5 - 1}{1,08 - 1}$$

$$= 304124,59 \, [DM]$$

Ermittlung des Rentenbarwertes

$$RBW_{n,i} = \tilde{r} \cdot \frac{1}{q^{n-1}} \cdot \frac{q^n - 1}{q - 1}$$

$$RBW_{5;0,08} = 48000 \cdot \frac{1}{1,08^4} \cdot \frac{1,08^5 - 1}{1,08 - 1}$$

$$= 206982,09 \, [DM]$$

❏ fima-Lösung

```
ENDLICHE, VORSCHÜSSIGE RENTE
─────────────────────────────────────────────────────────────
Geben Sie drei Parameter ein. Die gleichzeitige Angabe von "R0" und "RN" ist
ist nicht möglich. Markieren Sie den gesuchten Wert mit Hilfe der [?]-Taste.

Rentenbarwert       : R0         206982.09      Sind R0 und RN angegeben,
Rentenendwert       : RN         304124.59  ?   so wird mit R0 gerechnet !

Rente               : r          48000

Laufzeit in Jahren  : n          5

Zinssatz in %       : i          8



─────────────────────────────────────────────────────────────
nomineller Jahreszinssatz in %
─────────────────────────────────────────────────────────────
MEMORY 1                  0   S-Speichern R-Rückrufen PGDN-vor PGUP-zurück
─────────────────────────────────────────────────────────────
F1-Hilfe F2-Anmerkung F3-Beispiel F5-Dateien F9-Tabelle F10-rechnen ESC-Menü
```

Abb. 34: Endliche, vorschüssige Rente

Die Herleitung von *Rentenzahlungen* bei gegebenem Rentenbar- bzw. Rentenendwert soll im folgenden kurz dargestellt werden. Es handelt sich hierbei lediglich um Umformungen der in diesem Kapitel bereits abgeleiteten Formeln.

Zur Ermittlung einer vorschüssigen Rente bei gegebenem Rentenbarwert wird die Rentenbarwertformel umgeformt:

$$RBW_{n,i} = \tilde{r} \cdot \frac{1}{q^{n-1}} \cdot \frac{q^n - 1}{q - 1}$$

$$\Leftrightarrow \quad \tilde{r} = RBW_{n,i} \cdot \frac{q^{n-1}(q-1)}{q^n - 1}$$

Der Ausdruck

$$WGF^v_{n,i} = \frac{q^{n-1}(q-1)}{q^n-1}$$

wird als vorschüssiger Wiedergewinnungsfaktor bezeichnet.

Die Herleitung einer vorschüssigen Rente bei gegebenem Rentenendwert erfolgt analog:

$$REW_{n,i} = \tilde{r} \cdot q \cdot \frac{q^n-1}{q-1}$$

$$\Leftrightarrow \quad \tilde{r} = REW_{n,i} \cdot \frac{q-1}{q(q^n-1)}$$

6.1.2 Nachschüssige endliche Rente

Bei der nachschüssigen endlichen Rente fällt die erste Zahlung erst am Ende der ersten Periode (hier: des ersten Jahres) an. Auch für alle weiteren Zahlungen gilt das Ende der jeweiligen Periode als Zahlungszeitpunkt. Für die Berechnung von Bar- und Endwerten hat dies im Vergleich zur vorschüssigen Rente eine Verschiebung aller Zahlungen um eine Periode zur Folge.

$$REW_{n,i} = r \cdot q^{n-1} + r \cdot q^{n-2} + \dots + r \cdot q^0$$

Symbol r Rentenzahlung der nachschüssigen Rente

Die Berechnung geschlossener Ausdrücke für Rentenbar- und Rentenendwert erfolgt analog Kapitel 6.1.1.

Die Rentenendwertformel lautet bei nachschüssiger Rentenzahlung:

$$REW_{n,i} = r \cdot \frac{q^n-1}{q-1}$$

Der Ausdruck

$$REF^n_{n,i} = \frac{q^n - 1}{q - 1}$$

wird als Rentenendwertfaktor bei nachschüssigen Zahlungen oder als nachschüssiger Rentenendwertfaktor bezeichnet.

Für den Barwert einer Rente gilt allgemein:

$$RBW_{n,i} = \frac{REW_{n,i}}{q^n}$$

Im speziellen Fall der nachschüssigen Rente bedeutet dies:

$$RBW_{n,i} = r \cdot \frac{1}{q^n} \cdot \frac{q^n - 1}{q - 1}$$
$$= r \cdot \frac{q^n - 1}{q^n \cdot i}$$

Der Ausdruck

$$RBF^n_{n,i} = \frac{q^n - 1}{q^n \cdot i}$$

wird als nachschüssiger Rentenbarwertfaktor, sein Kehrwert

$$WGF^n_{n,i} = \frac{q^n \cdot i}{q^n - 1}$$

als nachschüssiger Wiedergewinnungsfaktor bezeichnet.

Rentenrechnung

Beispiel

Eine Rente mit jährlichen Zahlungen in Höhe von 48000 DM fällt nachschüssig an. Sie ist auf fünf Jahre befristet. Der Kalkulationszinsfuß beläuft sich auf 8 %. Zu berechnen sind der Endwert und der Barwert dieser Rente.

❏ Manuelle Lösung

Ermittlung des Rentenendwertes

$$REW_{n,i} = r \cdot \frac{q^n - 1}{q - 1}$$

$$REW_{5;0,08} = 48000 \cdot \frac{1,08^5 - 1}{1,08 - 1}$$

$$= 281596,85 \,[DM]$$

Ermittlung des Rentenbarwertes

$$RBW_{n,i} = r \cdot \frac{q^n - 1}{q^n \cdot i}$$

$$RBW_{5;0,08} = 48000 \cdot \frac{1,08^5 - 1}{1,08^5 \cdot 0,08}$$

$$= 191650,08 \,[DM]$$

❑ **fima**-Lösung

```
┌─────────────────────────────────────────────────────────────────────┐
│ ENDLICHE, NACHSCHÜSSIGE RENTE                                       │
├─────────────────────────────────────────────────────────────────────┤
│ Geben Sie drei Parameter ein. Die gleichzeitige Angabe von "R0" und "RN" ist │
│ ist nicht möglich. Markieren Sie den gesuchten Wert mit Hilfe der [?]-Taste. │
│                                                                     │
│ Rentenbarwert      : R0        191650.08    Sind R0 und RN angegeben, │
│ Rentenendwert      : RN        281596.85 ?  so wird mit R0 gerechnet ! │
│                                                                     │
│ Rente              : r         48000                                │
│                                                                     │
│ Laufzeit in Jahren : n         5                                    │
│                                                                     │
│ Zinssatz in %      : i         8                                    │
│                                                                     │
│                                                                     │
│ nomineller Jahreszinssatz in %                                      │
│ MEMORY 1                       0   S-Speichern R-Rückrufen PGDN-vor PGUP-zurück │
│ F1-Hilfe F2-Anmerkung F3-Beispiel F5-Dateien F9-Tabelle F10-rechnen ESC-Menü │
└─────────────────────────────────────────────────────────────────────┘
```

Abb. 35: Endliche, nachschüssige Rente

Zur Ableitung von *Renten* bei gegebem Rentenbarwert bzw. Rentenendwert wird auf das vorangegangene Kapitel verwiesen. Die Berechnungen erfolgen analog bei nachschüssigen Renten.

6.2 Ewige Rente

Renten, deren Laufzeit nicht beschränkt ist, werden als *ewige Renten* bezeichnet. Der Endwert dieser Renten erhöht sich mit jeder zukünftigen Zahlung. Sein Wert ist für n->∞ nicht bestimmbar. Der Wert des *Rentenbarwertes* läßt sich hingegen aus Grenzwertbetrachtungen für n->∞ herleiten.

6.2.1 Vorschüssige ewige Rente

Die Ermittlung des Barwertes der vorschüssigen ewigen Rente beruht auf der Berechnungsvorschrift für Rentenbarwerte bei vorschüssigen endlichen Renten. Hier gilt:

$$RBF_{n,i}^{v} = q \cdot \frac{q^n - 1}{q^n \cdot i}$$

$$= q \cdot \frac{q^n \cdot \left(1 - \frac{1}{q^n}\right)}{q^n \cdot i}$$

$$= q \cdot \frac{1 - \frac{1}{q^n}}{i}$$

Die Grenzwertbetrachtung für n->∞ führt bei q > 1 zu dem Ergebnis:

$$\lim_{n \to \infty} \frac{1}{q^n} = 0$$

Folglich ergibt sich:

=> $$RBF_{\infty,i}^{v} = q \cdot \frac{1}{i}$$

Symbol $RBF_{\infty,i}^{v}$ Rentenbarwertfaktor für eine ewige vorschüssige Rente bei einem Zinssatz von i

Der Rentenbarwert für vorschüssige Renten bei n->∞ ist nun wie folgt definiert:

$$\text{RBW}_{\infty,i} = \tilde{r} \cdot q \cdot \frac{1}{i}$$

$$= \tilde{r} \cdot \frac{i+1}{i}$$

$$= \tilde{r} + \tilde{r} \cdot \frac{1}{i}$$

Beispiel

Berechnen Sie den Barwert einer ewigen vorschüssigen Rente in Höhe von 45000 DM pro Jahr. Die Ausschüttung findet jährlich statt. Der Zinssatz beläuft sich auf 9%.

❑ Manuelle Lösung

$$\text{RBW}_{\infty,i} = \tilde{r} + \tilde{r} \cdot \frac{1}{i}$$

$$\text{RBW}_{\infty;0,09} = 45000 + 45000 \cdot \frac{1}{0,09}$$

$$= 545000 \,[\text{DM}]$$

fima-Lösung

```
EWIGE, VORSCHÜSSIGE RENTE
Geben Sie die bekannten Größen ein und markieren Sie die gesuchte Variable
mit Hilfe der [?]-Taste. Der markierte Parameter wird dann neu berechnet.

Rentenbarwert  : R0         545000   ?

Rente          : r          45000

Zinssatz in %  : i          9




nomineller Jahreszinssatz in %
MEMORY 1                      0   S-Speichern R-Rückrufen PGDN-vor PGUP-zurück
F1-Hilfe    F2-Anmerkung    F3-Beispiel    F5-Dateien    F10-rechnen    ESC-Menü
```

Abb. 36: Ewige, vorschüssige Rente

6.2.2 Nachschüssige ewige Rente

Analog zu Kapitel 6.2.1 ergibt sich für den Rentenbarwertfaktor einer nachschüssigen ewigen Rente:

$$\text{RBF}^n_{n,i} = \frac{q^n - 1}{q^n \cdot i}$$

$$= \frac{q^n \cdot \left(1 - \frac{1}{q^n}\right)}{q^n \cdot i}$$

$$= \frac{1 - \frac{1}{q^n}}{i}$$

Nach der Grenzbetrachtung für n->∞ ergibt sich:

=> $$RBF_{\infty,i} = \frac{1}{i}$$

Für den Barwert gilt folglich:

$$RBW_{\infty,i} = \frac{r}{i}$$

Beispiel

Berechnen Sie den Barwert einer ewigen nachschüssigen Rente in Höhe von 45000 DM pro Jahr. Die Ausschüttung findet jährlich statt. Der Zinssatz beläuft sich auf 9%.

❏ Manuelle Lösung

$$RBW_{\infty,i} = \frac{r}{i}$$
$$RBW_{\infty;0,09} = 500000 \, [DM]$$

Rentenrechnung

❑ **fima**-Lösung

```
┌─────────────────────────────────────────────────────────────────────┐
│ EWIGE, NACHSCHÜSSIGE RENTE                                          │
├─────────────────────────────────────────────────────────────────────┤
│ Geben Sie die bekannten Größen ein und markieren Sie die gesuchte Variable │
│ mit Hilfe der [?]-Taste. Der markierte Parameter wird dann neu berechnet.  │
│                                                                     │
│ Rentenbarwert : R0          500000  ?                               │
│                                                                     │
│ Rente         : r            45000                                  │
│                                                                     │
│ Zinssatz in % : i                9                                  │
│                                                                     │
│                                                                     │
│                                                                     │
│                                                                     │
│                                                                     │
│ nomineller Jahreszinssatz in %                                      │
├─────────────────────────────────────────────────────────────────────┤
│ MEMORY 1                   0  S-Speichern R-Rückrufen PGDN-vor PGUP-zurück │
├─────────────────────────────────────────────────────────────────────┤
│ F1-Hilfe   F2-Anmerkung   F3-Beispiel   F5-Dateien   F10-rechnen   ESC-Menü │
└─────────────────────────────────────────────────────────────────────┘
```

Abb. 37: Ewige, nachschüssige Rente

7. Tilgungsrechnung

Die Tilgungsrechnung dient der Ermittlung von Rückzahlungsbeträgen für in Anspruch genommene Kredite. Beim Abschluß eines Kreditvertrages stehen verschiedene Gestaltungsparameter zur Verfügung. Neben der Entscheidung über die Art der Tilgung kann zusätzlich die Anzahl der tilgungsfreien Jahre festgelegt werden. In diesem Zeitraum werden zwar für das noch gebundene Kapital *Zinsen* entrichtet, die *Tilgung* des Kreditbetrages wird jedoch bis zum Ende der tilgungsfreien Jahre ausgesetzt.

Allgemein setzt sich der zu leistende Rückzahlungsbetrag aus zwei Komponenten zusammen. Zum einen werden nach Ablauf der tilgungsfreien Jahre die Raten zur Tilgung des eigentlichen Kreditbetrages fällig. Die Summe dieser Tilgungsbeträge entspricht der nominellen Kredithöhe zum Zeitpunkt der Kreditaufnahme. Zum anderen sind vom Kreditnehmer die Zinsen auf das gebundene Kapital zu entrichten. Diese Zahlungen fallen während der gesamten Laufzeit des Kredites an.

In den folgenden Gliederungspunkten werden nachschüssige Zins- und Tilgungszahlungen vorausgesetzt.

7.1 Ratentilgung

Bei der Ratentilgung ist das entliehene Kapital nach Ablauf der vereinbarten tilgungsfreien Jahre in konstanten Beträgen zu tilgen. Zusammen mit den Zinsen ergibt sich der Rückzahlungsbetrag. Allgemein gilt der folgende formelmäßige Zusammenhang:

$$R_t = Z_t + T_t$$

Symbole R_t Rückzahlungsbetrag zum Zeitpunkt t
                Z_t Zinsen im Zeitpunkt t
                T_t Tilgung im Zeitpunkt t

Während der tilgungsfreien Jahre t = 1 bis t = f bleibt die Kapitalhöhe des Krediges mit S_0 konstant. Tilgungen finden nicht statt. Auch in der ersten Periode des Tilgungszeitraumes beträgt die Kapitalhöhe weiterhin S_0, da die erste Tilgung erst am Ende von t = f+1 erfolgt. Somit gilt:

$$S_t = S_0 \qquad \text{für } t = 1, \ldots, f+1$$

Symbole S_0 Nennwert des Kredites
 S_t Restschuld im Jahre t
 f Anzahl der tilgungsfreien Jahre

Nach diesem Zeitraum läßt sich die Höhe der einzelnen Tilgungsbeträge durch einfache Division des Nennwertes des Kredits durch die Anzahl der verbleibenden Perioden bestimmen:

$$T_t = \frac{S_0}{n-f} \qquad \text{für } t = f+1, \ldots, n$$

Symbol T_t Tilgung zum Zeitpunkt t

Bei der gleichmäßigen Ratentilgung ist T_t im Tilgungszeitraum konstant. Die Restschuld in der Periode $\tau \geq f+1$ läßt sich daher wie folgt bestimmen:

$$S_\tau = S_0 - [\tau - (f+1)]T \qquad \text{für } \tau = f+1, \ldots, n$$

Symbol T konstanter Tilgungsbetrag für $\tau = f+1, \ldots, n$

Während der tilgungsfreien Jahre ergibt sich für die Höhe der jährlichen Zinsen:

$$Z_t = i \cdot S_0 \qquad \text{für } t = 1, \ldots, f$$

Da in dieser Zeit keine Ratenzahlungen anfallen, besteht der Rückzahlungsbetrag nur aus diesen Zinszahlungen:

$$R_t = Z_t \qquad \text{für } t=1,\ldots,f$$

Für die Perioden t > f verringert sich die Kapitalbasis mit jeder Tilgung. Demzufolge sinken auch die auf das gebundene Kapital zu entrichtenden Zinszahlungen. Für die Zinsen gilt:

$$Z_t = i \cdot S_t \qquad \text{für } t > f$$

Die nach der tilgungsfreien Zeit anfallenden Rückzahlungsbeträge sind somit wie folgt definiert:

$$\begin{aligned} R_t &= i \cdot S_t + T \\ &= i\,[S_0 - [t-(f+1)]\,T] + T \qquad \text{für } t > f \end{aligned}$$

Zusammengefaßt gilt für den Rückzahlungsbetrag R_t:

$$R_t = \begin{cases} i \cdot S_0 & \text{für } t=1,\ldots,f \\ i\,[S_0 - [t-(f+1)]\,T] + T & \text{für } t=f+1,\ldots,n \end{cases}$$

Beispiel

Ein Kunde der Privatbank P ist an einem Ratenkredit mit folgenden Konditionen interessiert:

Nennbetrag	120000 DM
Zinssatz	12 %
tilgungsfreie Jahre	2 Jahre
Gesamtlaufzeit	5 Jahre

Erstellen Sie einen Tilgungsplan für die Tilgung mit gleichmäßigen Raten. Bestimmen Sie zusätzlich den jeweiligen Rückzahlungsbetrag R_t.

❏ Manuelle Lösung

Für die ersten beiden Jahre der Kreditlaufzeit fallen keine Tilgungen an. Der Rückzahlungsbetrag R_t besteht allein aus der Zinszahlung, die anhand des nominellen Wertes des Kredits berechnet wird:

$$R_t = Z_t \qquad \text{für } t=1 \text{ und } t=2$$
$$R_t = i \cdot S_0$$
$$R_1 = 0{,}12 \cdot 120000 = 14400 \,[\text{DM}]$$
$$R_2 = R_1 = 14400 \,[\text{DM}]$$

Nach Ablauf der tilgungsfreien Zeit reduziert sich die Restschuld um die Summe der bis zum jeweiligen Betrachtungszeitpunkt angefallenen Tilgungsbeträge. Diese ergeben sich wie folgt:

$$T = \frac{S_0}{n-f}$$

$$= \frac{120000}{5-2}$$

$$= 40000 \,[\text{DM}/\text{Jahr}]$$

Für die Rückzahlungsbeträge gilt:

$$R_t = i[S_0 - [t-(f+1)]T] + T \qquad t=3,\ldots,5$$

$$R_3 = 0{,}12(120000 - (3-(2+1))40000) + 40000$$
$$= 54400\,[DM]$$

$$R_4 = 0{,}12(120000 - (4-(2+1))40000) + 40000$$
$$= 49600\,[DM]$$

$$R_5 = 0{,}12(120000 - (5-(2+1))40000) + 40000$$
$$= 44800\,[DM]$$

Tilgungsrechnung

❑ **fima**-Lösung

Bei der Tilgungsrechnung empfiehlt sich die tabellarische Betrachtung der Ergebnisse, die durch die Funktionstaste F9 abgerufen wird:

```
┌─────────────────────────────────────────────────────────────────────┐
│ RATENTILGUNG                                                        │
├─────────────────────────────────────────────────────────────────────┤
│ Jahr      Restschuld        Zinsen         Rate      Rückzahlung    │
│  1        120000.00        14400.00        0.00       14400.00      │
│  2        120000.00        14400.00        0.00       14400.00      │
│  3        120000.00        14400.00     40000.00      54400.00      │
│  4         80000.00         9600.00     40000.00      49600.00      │
│  5         40000.00         4800.00     40000.00      44800.00      │
│                                                                     │
│                                                                     │
│ Zinssatz: 12 %   Laufzeit: 5 Jahre                                  │
├─────────────────────────────────────────────────────────────────────┤
│ F1-Hilfe  F6-Drucken  HOME/END PGUP/PGDN UP/DOWN-Tabelle bewegen  ESC-Quit │
└─────────────────────────────────────────────────────────────────────┘
```

Abb. 38: Ratentilgung

7.2 Annuitätentilgung

Im Gegensatz zur Ratentilgung mit gleichbleibenden Raten ist die Annuitätentilgung während der Zeit der Tilgung durch einen gleichbleibenden Rückzahlungsbetrag, der sich aus Tilgungsrate und Zinsen zusammensetzt, gekennzeichnet.

Der Rückzahlungsbetrag bis zum Zeitpunkt der ersten Tilgung kann analog zur Ratentilgung hergeleitet werden:

$$Z_t = i \cdot S_0 \qquad \text{für } t=1,\ldots,f$$

Da in der tilgungsfreien Zeit die Variable T_t den Wert Null annimmt, besteht der Rückzahlungsbetrag nur aus den Zinszahlungen:

$$T_t = 0 \qquad \text{für } t=1,\ldots,f$$
$$\Rightarrow R_t = Z_t \qquad \text{für } t=1,\ldots,f$$

Die Bestimmung der Rückzahlungsbeträge von $t=f+1$ bis $t=n$ erfolgt als Berechnung der Annuität (vgl. Kap. 5.2). Hierbei wird der Betrag der Restschuld nach Ablauf der tilgungsfreien Zeit, also der nominelle Kreditbetrag, als Barwert der Zahlungsreihe R_{f+1} bis R_n in bezug auf $t=f$ angesehen. Die Berechnung der gleichbleibenden Rückzahlungsbeträge ergibt sich durch die Multiplikation dieses nominellen Kreditbetrages mit dem entsprechenden nachschüssigen Annuitätenfaktor:

$$R_t = S_0 \cdot ANF_{n-f,i}$$

$$= S_0 \cdot \frac{i \cdot q^{n-f}}{q^{n-f}-1} \qquad \text{für } t=f+1,\ldots,n$$

Der ermittelte konstante Rückzahlungsbetrag wird im folgenden in die Bestandteile *Zinsen* und *Tilgung* zerlegt. Die Tilgung ergibt sich als Differenz aus Rückzahlungsbetrag und Zinsen der betrachteten Periode:

$$T_t = R_t - Z_t$$

Die Zinsen berechnen sich als Produkt von Zinssatz und Restschuld des Jahres. Die bestehende Restschuld wird in einem iterativen Prozeß aus der Restschuld der Vorperiode abzüglich der Tilgung der Vorperiode hergeleitet:

$$Z_t = i \cdot S_t$$
$$S_t = S_{t-1} - T_{t-1}$$
=> $$T_t = R_t - i(S_{t-1} - T_{t-1})$$

Anhand der vorgegebenen Formel können Zins- und Tilgungsbeträge Jahr für Jahr sukzessiv hergeleitet werden.

Beispiel

Ein Kunde der Privatbank P ist an einem Ratenkredit mit folgenden Konditionen interessiert:

Nennbetrag	120000 DM
Zinssatz	12 %
tilgungsfreie Jahre	2 Jahre
Gesamtlaufzeit	5 Jahre

Erstellen Sie einen Tilgungsplan für die Tilgung mit gleichmäßigen Raten. Bestimmen Sie zusätzlich den jeweiligen Rückzahlungsbetrag R_t.

❑ Manuelle Lösung

Für die ersten beiden Jahre der Kreditlaufzeit fallen keine Tilgungen an. Der Rückzahlungsbetrag R_t besteht lediglich aus Zinszahlungen. Ab t = 3 erfolgt die Rückzahlung der Verbindlichkeit annuitätisch. Die jährlich zu leistenden Rückzahlungsbeträge ergeben sich allgemein wie folgt:

$$R_t = \begin{cases} i \cdot S_0 & \text{für } t = 1, \dots, f \\ S_0 \cdot ANF_{n-f,i} & \text{für } t = f+1, \dots, n \end{cases}$$

R_1 = 0,12 · 120000 = 14400 [DM]
R_2 = R_1 = 14400 [DM]

$$R_t = 120000 \cdot \frac{0{,}12 \cdot 1{,}12^{5-2}}{1{,}12^{5-2} - 1}$$

$$= 49961{,}88\,[\text{DM}/\text{Jahr}] \qquad \text{für } t = 3, 4, 5$$

Die Ergebnisse der Annuitätentilgung werden im folgenden tabellarisch dargestellt:

t	S_t	Z_t	T_t	$Z_t + T_t$
1	120000	14400	-	14400
2	120000	14400	-	14400
3	120000	14400	35561,88	49961,88
4	84438,12	10132,57	39829,31	49961,88
5	44608,82	5353,06	44608,82	49961,88

Abb. 39: Tilgungsplan des Annuitätenkredits

Tilgungsrechnung 109

❏ **fima**-Lösung

```
┌─────────────────────────────────────────────────────────────────────┐
│ ANNUITÄTENTILGUNG                                                   │
├─────────────────────────────────────────────────────────────────────┤
│ Geben Sie "n", "nf" und "i" ein. Geben Sie die Variable "K0" oder "a" ein │
│ und markieren Sie die gesuchte Variable mit Hilfe der [?]-Taste.    │
│                                                                     │
│ Kreditbetrag          : K0           120000                         │
│ Annuität              : a            49961.88  ?                    │
│                                                                     │
│ Laufzeit in Perioden  : n            5                              │
│                                                                     │
│ tilgungsfreie Zeit    : nf           2                              │
│                                                                     │
│ Periodenzinsatz in %  : i            12                             │
│                                                                     │
│                                                                     │
├─────────────────────────────────────────────────────────────────────┤
│ Die Annuität setzt sich aus Tilgungsrate und Zinsen zusammen.       │
├─────────────────────────────────────────────────────────────────────┤
│ MEMORY 1                 0  S-Speichern R-Rückrufen PGDN-vor PGUP-zurück │
├─────────────────────────────────────────────────────────────────────┤
│ F1-Hilfe F2-Anmerkung F3-Beispiel F5-Dateien F9-Tabelle F10-rechnen ESC-Menü │
└─────────────────────────────────────────────────────────────────────┘
```

Abb. 40: Annuitätentilgung

8. Kurs und Rendite

Der Begriff *Kurs* kennzeichnet den Preis für den Ankauf von Zahlungsverpflichtungen. Mit dem Kauf einer solchen Verpflichtung erwirbt der Käufer einen Anspruch auf zukünftige Zahlungen. Der Kurs wird prozentual auf den Nennwert der betrachteten Verpflichtung, im folgenden *Papier* genannt, bezogen. Die Finanzmathematik hat die Kursermittlung von Papieren, deren Zahlungsfolge eindeutig prognostiziert werden kann, zum Inhalt. Kursberechnungen bzw. Kursprognosen für Papiere, deren Zahlungsstrom nicht zuverlässig vorhersehbar ist, werden nicht behandelt.

Bei der Berechnung von Kursen wird auf die Grundlagen der Investitionsrechnung (vgl. Kap. 5) zurückgegriffen. Der Kurs eines Papiers zu einem bestimmten Zeitpunkt kann als Barwert (Kapitalwert) der auf diesen Zeitpunkt abzuzinsenden Zahlungen aufgefaßt werden. Als Zinssatz zur Berechnung des Kapitalwertes wird üblicherweise der zum Betrachtungszeitpunkt gültige Kapitalmarktzins verwendet. An die Problematik der damit verbundenen Annahmen sei hier nur erinnert.

Die *Rendite* eines Papiers kann auch als der interne Zinsfuß der Kapitalanlage bezeichnet werden. Der Anschaffungspreis, also der Kurs eines Wertpapiers, und die auf den Anschaffungszeitpunkt folgenden Zahlungen definieren eine Zahlungsfolge, deren interner Zinsfuß die Rendite darstellt. Die Rendite eines Wertpapiers wird auch als Effektivzinsfuß dieses Papiers bezeichnet. Die Berechnung eines *Kurses* setzt - wie oben beschrieben - die Vorgabe eines marktgegebenen Bewertungszinsfußes als Kalkulationszinsfuß voraus.

Für die Höhe von Kurs und Rendite ist der genaue Nennwert des betrachteten Papiers unerheblich. Bei der Berechnung von Kurs und Rendite wird der Nennwert generell auf 100 % festgelegt. Alle weiteren Wertangaben werden ebenfalls in Prozent angegeben und beziehen sich auf diesen Nennwert.

Im folgenden wird die Kurs- und Renditeberechnung für eine Zinsschuld, eine Ratenschuld und eine Annuitätenschuld dargestellt.

Wird bei der Kurs- und Renditerechnung von der Annahme ausgegangen, daß die betrachteten Papiere nicht zum Zeitpunkt der Emission, sondern zu einem späteren Zeitpunkt bewertet werden sollen, ist die Berücksichtigung eines bei der Emission erhobenen Auf- bzw. Abschlages auf den Nennbetrag überflüssig. Diese Zahlung ist aufgrund der getroffenen Annahmen kein Bestandteil der zu bewertenden Zahlungsreihe. Entspricht die Gesamtlaufzeit der Restlaufzeit und dient die Kursberechnung der Ermittlung des Kaufpreises zum Emissionszeitpunkt, so ergibt sich der Kaufpreis als der um einen Auf- bzw. Abschlag korritierte Barwert der Zahlungsreihe bei nominellem Zinsfuß. Ein vereinbartes Aufgeld am Ende der Laufzeit hingegen führt zu einer Veränderung des letzten Zahlungsbetrages. Dieses Aufgeld muß deshalb bei der Kurs- und Renditeberechnung berücksichtigt werden.

8.1 Zinsschuld

Mit dem Ankauf einer Zinsschuld erwirbt der Käufer den Anspruch auf laufende Zinszahlungen und eine einmalige Kapitalrückzahlung am Ende der Laufzeit. Die zu bewertende Zahlungsreihe wird durch vier Parameter beeinflußt:

- Der nominelle Jahreszins bestimmt die Höhe der auszuzahlenden Zinsen pro Zinsperiode.

- Die Zahl der Zinsperioden pro Jahr wird durch die Zahl der Kupons (Zinsscheine) bestimmt. Bei mehr als einem Kupon pro Jahr wird jährliche Verzinsung mit gemischter Verzinsung (vgl. Kap. 4.1.3) unterstellt. Als Periodenzinsfuß findet der relative Zinsfuß Anwendung.

- Das Aufgeld in Prozent des Nennwertes bestimmt die Höhe des Rückzahlungsbetrages am Ende der Laufzeit: den Rückzahlungskurs.

- Die Angabe der Restlaufzeit der betrachteten Anlage ist notwendig, um den Berechnungshorizont festzulegen und ein eventuell vorhandenes Aufgeld rechnerisch auf die Restlaufzeit der betrachteten Anlage zu verteilen.

Nach Vorgabe eines marktüblichen Zinssatzes, hier als Effektivzinsfuß i_{eff} bezeichnet, kann der Kurs des Papiers als Barwert der hergeleiteten Zahlungsreihe ermittelt werden[1]:

$$P = \sum_{t=1}^{n} Z_t \cdot q_{eff}^{-t} + NW(1+g) q_{eff}^{-n}$$

Symbole Z_t Zinsen des Jahres t (incl. der angefallenen und aufgezinsten Zinsen des laufenden Jahres)

q_{eff} Zinsfaktor $(1 + i_{eff})$

i_{eff} marktüblicher Bewertungszins

P Kurs des betrachteten Papiers bei gegebenem i_{eff}

NW Nennwert des Papiers

g Aufgeld in Prozent

Zinszahlungen, die innerhalb eines laufenden Jahres anfallen, werden mit dem relativen Zinsfuß auf das Periodenende aufgezinst.

Die Rendite des Papiers wird unter Angabe des Preises (des Kurses) ermittelt. Gesucht wird derjenige Zinsfuß, bei dessen Anwendung der Barwert (Kapitalwert) der gebenen Zahlungsreihe gleich Null ist:

$$C = P + \sum_{t=1}^{n} Z_t \cdot (1+re)^{-t} + NW(1+g)(1+re)^{-n} \stackrel{!}{=} 0$$

Symbol re Rendite des Papiers bei gegebenem Kurs

---

[1] Der Zeitpunkt der Kursermittlung wird mit t=0, die Restlaufzeit des betrachteten Papiers mit n bezeichnet.

Kurs und Rendite 113

Hier ist allerdings zu beachten, daß die im laufenden Jahr angefallenen Zinsen mit dem Zinsfuß re auf den nächsten Zinsverrechnungszeitpunkt aufgezinst werden.

Beispiel

Ermitteln Sie den Kurs einer Zinsschuld mit folgenden Gestaltungsmerkmalen:

nomineller Zins	8 %
Zahl der Kupons	2
Aufgeld in % des Nennwertes	6 %
Restlaufzeit	2 Jahre

Der Kalkulationszinsfuß sei auf 10 % p.a. festgesetzt.

❑ Manuelle Lösung

Die pro Periode anfallenden Zinsen der betrachteten Zinsschuld belaufen sich auf 8 %/2 = 4 %. Der Rückzahlungsbetrag ist mit 106 % festgesetzt. Aus den vorgegebenen Daten ergibt sich die folgende Zahlungsreihe:

$Z_{1,1}$	$Z_{1,2}$	$Z_{2,1}$	$Z_{2,2}$ + NW (1 + g)
4 %	4 %	4 %	4 % + 106 %

Zur Kursermittlung ist folgende Formel anzuwenden:

$$P = \sum_{t=1}^{n} Z_t \cdot q_{eff}^{-t} + NW (1+g) \, q_{eff}^{-n}$$

$$P = (0{,}04 \cdot 1{,}05 + 0{,}04) \cdot 1{,}1^{-1}$$

$$+ (0{,}04 \cdot 1{,}05 + 1{,}06) \cdot 1{,}1^{-2}$$

$$= 1{,}0183 \mathrel{\hat{=}} 101{,}83\,\%$$

Die Klammerausdrücke beinhalten jeweils den Wert der Zinsen zum Periodenende. Zahlungen zur Periodenmitte werden dabei zum Periodenende mit dem anteiligen Kalkulationszinsfuß (hier 5 %) aufgezinst. Erst dann erfolgt das Abzinsen der gesamten jährlichen Zinszahlungen auf den Anfangszeitpunkt.

□ **fima**-Lösung

```
┌─────────────────────────────────────────────────────────────────────┐
│ KURS- UND EFFEKTIVZINSBERECHNUNG EINER ZINSSCHULD                   │
├─────────────────────────────────────────────────────────────────────┤
│ Geben Sie "i", "m", "a" und "n" ein. Geben Sie die Variable "P" oder "r" │
│ ein und markieren Sie die gesuchte Variable mit Hilfe der [?]-Taste.│
├─────────────────────────────────────────────────────────────────────┤
│ Kurs (Marktpreis)            : P        101.83   ?                  │
│ Effektivzins in %            : r         10                         │
│                                                                     │
│ nomineller Jahreszins in %   : i          8                         │
│ Zahl der Kupons je Jahr      : m          2                         │
│ Aufgeld in % des Nennwertes  : a          6                         │
│ Restlaufzeit in Jahren       : n          2                         │
├─────────────────────────────────────────────────────────────────────┤
│ Kurs der Zinsschuld je 100 DM nominal                               │
├─────────────────────────────────────────────────────────────────────┤
│ MEMORY 1              0   S-Speichern R-Rückrufen PGDN-vor PGUP-zurück │
├─────────────────────────────────────────────────────────────────────┤
│ F1-Hilfe   F2-Anmerkung   F3-Beispiel   F5-Dateien   F10-rechnen   ESC-Menü │
└─────────────────────────────────────────────────────────────────────┘
```

Abb. 41: Kurs- und Effektivzinsberechnung einer Zinsschuld

8.2 Ratenschuld

Mit dem Ankauf einer Ratenschuld erwirbt der Käufer neben jährlichen Zinszahlungen auch den Anspruch auf laufende Tilgungszahlungen. Die Tilgungen einer Ratenschuld mit gleichmäßigen Raten (vgl. Kap. 7.1) sind von drei Parametern abhängig:

- Der nominelle Zinssatz bestimmt die Höhe der Zinsen, berechnet auf die gebundene Restschuld.

- Anhand der Gesamtlaufzeit läßt sich die Höhe der einzelnen schon geleisteten und noch zu leistenden Raten ermitteln.

- Die Restlaufzeit gibt Auskunft über die Anzahl der noch zu leistenden Raten.

Für die Berechnung eines Rückzahlungsbetrages bei Tilgung mit gleichmäßigen Raten und ohne tilgungsfreie Jahre gilt (vgl. Kap. 7.1):

$$R_t = i_{nom}[NW - (t-1)T] + T$$

Symbole R_t Rückzahlungsbetrag zum Zeitpunkt t
NW   Nennwert der Ratenschuld zum Zeitpunkt t = 0
T   konstante Tilgungsrate

T ist definiert als:

$$T = \frac{NW}{n} \qquad \text{für } t=1,\ldots,n$$

Der Rückzahlungsbetrag setzt sich demnach wie folgt zusammen:

$$R_t = i_{nom}\left[NW - (t-1)\frac{NW}{n}\right] + \frac{NW}{n}$$

Nach Vorgabe eines Effektivzinsfußes kann der Kurs des Papiers als Barwert der entsprechenden Zahlungsreihe ermittelt werden. Hierbei ist zu beachten, daß sich der Betrachtungszeitpunkt der Kursberechnung vom Anfangszeitpunkt der Ratentilgung unterscheiden kann. Der Zeitpunkt zur Berechnung des Rückzahlungsbetrages (also der Anfangszeitpunkt der Ratentilgung) muß dann offensichtlich dem Zeitpunkt der Kursberechnung angepaßt werden. Bei dieser Anpassung wird von den Zeitpunkten der Zahlungsreihe der Ratentilgung die Anzahl der bereits abgelaufenen Tilgungsjahre subtrahiert:

$$t^* = t - (gl - rl)$$
$$\Leftrightarrow t = t^* + (gl - rl)$$

Symbole
t Zeitindex der Ratentilgung
t^* Zeitindex der Kursberechnung
gl Gesamtlaufzeit des Ratenkredits
rl Restlaufzeit des Ratenkredits

Für die Berechnung des Kurses einer Ratenschuld bedeutet dies:

$$P = \sum_{t^*=1}^{n} \left[i_{nom} \left[NW - \{[t^* + (gl - rl)] - 1\} \frac{NW}{n} \right] + \frac{NW}{n} \right] \cdot q_{eff}^{-t^*}$$

Für die Rendite einer Ratenschuld gilt bei gegebenem Kurs dementsprechend folgende Bestimmungsgleichung:

$$C = P - \sum_{t^*=1}^{n} \left[i_{nom} \left[NW - \{[t^* + (gl - rl)] - 1\} \frac{NW}{n} \right] + \frac{NW}{n} \right] \cdot (1+re)^{-t^*} \stackrel{!}{=} 0$$

Kurs und Rendite

Beispiel

Ermitteln Sie den Kurs einer Ratenschuld mit folgenden Gestaltungsmerkmalen:

nomineller Zins	8 %
Gesamtlaufzeit	5 Jahre
Restlaufzeit	2 Jahre

Der marktübliche Vergleichszinssatz sei auf 10 % p.a. festgesetzt.

❏ Manuelle Lösung

Es gilt folgende Berechnungsformel:

$$P = \sum_{t^*=1}^{n} \left[i_{nom} \left(NW - \{[t^* + (gl - rl)] - 1\} \frac{NW}{n} \right) + \frac{NW}{n} \right] \cdot q_{eff}^{-t^*}$$

Die Differenz zwischen Gesamtlaufzeit und Restlaufzeit beträgt 5 - 2 = 3 Jahre. Der Nennwert wird auf 1 normiert. Die Höhe der Tilgung ist mit

$$\frac{NW}{n} = \frac{1}{5} = 20\%$$

festgelegt.

Die verbleibenden zwei Tilgungsraten R_{t^*} lassen sich wie folgt herleiten:

$$R_{t^*} = i_{nom} \left[NW - \{[t^* + (gl - rl)] - 1\} \frac{NW}{n} \right] + \frac{NW}{n}$$

$$R_1 = 0{,}08 \cdot \{1 - [(1 + 3) - 1] \cdot 0{,}2\} + 0{,}2$$
$$ = 23{,}2\%$$

$$R_2 = 0{,}08 \cdot \{1 - [(2 + 3) - 1] \cdot 0{,}2\} + 0{,}2$$
$$= 21{,}6\,\%$$

Für die Berechnung des Kurses gilt demnach:

$$P = 0{,}232 \cdot 1{,}1^{-1} + 0{,}216 \cdot 1{,}1^{-2}$$
$$= 38{,}94\,\%$$

❏ **fima**-Lösung

```
┌─────────────────────────────────────────────────────────────────────┐
│ KURS- UND EFFEKTIVZINSBERECHNUNG EINER RATENSCHULD                  │
├─────────────────────────────────────────────────────────────────────┤
│ Geben Sie "i", "N" und "n" ein. Geben Sie die Variable "P" oder "r" ein │
│ und markieren Sie die gesuchte Variable mit Hilfe der [?]-Taste.    │
│                                                                     │
│ Kurs (Marktpreis)          : P        38.94  ?                      │
│                                                                     │
│ Effektivzins in %          : r        10                            │
│                                                                     │
│ nomineller Jahreszins in % : i         8                            │
│                                                                     │
│ Gesamtlaufzeit in Jahren   : N         5                            │
│                                                                     │
│ Restlaufzeit in Jahren     : n         2                            │
│                                                                     │
├─────────────────────────────────────────────────────────────────────┤
│ Kurs der Ratenschuld je 100 DM nominal                              │
├─────────────────────────────────────────────────────────────────────┤
│ MEMORY 1              0  S-Speichern R-Rückrufen PGDN-vor PGUP-zurück │
├─────────────────────────────────────────────────────────────────────┤
│ F1-Hilfe   F2-Anmerkung   F3-Beispiel   F5-Dateien   F10-rechnen   ESC-Menü │
└─────────────────────────────────────────────────────────────────────┘
```

Abb. 42: Kurs- und Effektivzinsberechnung einer Ratenschuld

8.3 Annuitätenschuld

Der Ankauf einer Annuitätenschuld führt, ähnlich dem Ankauf einer Ratenschuld, zu einem Anspruch auf laufende Zins- und Tilgungszahlungen. Als Besonderheit gilt, daß die Höhe der Rückzahlungsbeträge gleich ist. Die Zahlungen sind ebenfalls von den drei Parametern

> nomineller Zinssatz,
> Gesamtlaufzeit und
> Restlaufzeit

abhängig (vgl. Kap. 8.2). Die Berechnung der Annuität erfolgt hierbei unter Verwendung des in Kapitel 5.2 abgeleiteten Annuitätenfaktors:

$$ANF_{n,i} = \frac{q^n \cdot i}{q^n - 1}$$

Symbol $ANF_{n,i}$ Annuitätenfaktor bei einer Nutzungsdauer von n Jahren und einem Kalkulationszinsfuß i

Für die Annuität a gilt:

$$a = C \cdot ANF_{n,i}$$

Die Berechnung der Annuität der ursprünglichen Zahlungsreihe erfolgt anhand des nominellen Zinssatzes und der Gesamtlaufzeit. Der in der Investitionsrechnung benötigte Kapitalwert entspricht dem Nennwert der Annuitätenschuld. Die Annuität kann wie folgt berechnet werden:

$$a = NW \cdot ANF_{gl, i_{nom}}$$

$$= NW \cdot \frac{(1 + i_{nom})^{gl} \cdot i_{nom}}{(1 + i_{nom})^{gl} - 1}$$

Für die Kursermittlung der Annuitätenschuld sind offensichtlich nur noch die nicht geleisteten Zahlungen von Interesse. Der Kurs dieser Schuld, das heißt der Kapitalwert der Zahlungsreihe der Restlaufzeit, kann nun unter Verwendung des Rentenbarwertfaktors bestimmt werden. Als Zinssatz ist der marktübliche Bewertungszins i_{eff}, als Laufzeit die Restlaufzeit rl anzusetzen:

$$RBF_{rl,i_{eff}} = \frac{(1 + i_{eff})^{rl} - 1}{(1 + i_{eff})^{rl} \cdot i_{eff}}$$

Für den Kurs der Annuitätenschuld gilt allgemein:

$$P = NW \cdot \frac{(1 + i_{nom})^{gl} \cdot i_{nom}}{(1 + i_{nom})^{gl} - 1} \cdot \frac{(1 + i_{eff})^{rl} - 1}{(1 + i_{eff})^{rl} \cdot i_{eff}}$$

Entspricht die Gesamtlaufzeit der Restlaufzeit, dann ergibt sich P bei gegebenen Rückzahlungsbeträgen als Produkt aus R_t und dem entsprechenden Rentenbarwertfaktor.

Beispiel

Ermitteln Sie den Kurs einer Annuitätenschuld, die folgende Konditionen aufweist:	
nomineller Zins	8 %
Gesamtlaufzeit	5 Jahre
Restlaufzeit	2 Jahre
Der marktübliche Vegleichszinssatz sei auf 10 % p.a. festgesetzt.	

Manuelle Lösung

Es gilt folgende Berechnungsformel:

$$P = NW \cdot \frac{(1+i_{nom})^{gl} \cdot i_{nom}}{(1+i_{nom})^{gl} - 1} \cdot \frac{(1+i_{eff})^{rl} - 1}{(1+i_{eff})^{rl} \cdot i_{eff}}$$

$$P = 100\% \cdot \frac{1{,}08^5 \cdot 0{,}08}{1{,}08^5 - 1} \cdot \frac{1{,}1^2 - 1}{1{,}1^2 \cdot 0{,}1}$$

$$= 43{,}47\%$$

fima-Lösung

```
┌─────────────────────────────────────────────────────────────────┐
│ KURS- UND EFFEKTIVZINSBERECHNUNG EINER ANNUITÄTENSCHULD         │
├─────────────────────────────────────────────────────────────────┤
│ Geben Sie "i", "N" und "n" ein. Geben Sie die Variable "P" oder "r" ein │
│ und markieren Sie die gesuchte Variable mit Hilfe der [?]-Taste. │
│                                                                 │
│ Kurs (Marktpreis)        : P           43.47  ?                 │
│                                                                 │
│ Effektivzins in %        : r           10                       │
│                                                                 │
│ nomineller Jahreszins in % : i         8                        │
│                                                                 │
│ Gesamtlaufzeit in Jahren : N           5                        │
│                                                                 │
│ Restlaufzeit in Jahren   : n           2                        │
│                                                                 │
├─────────────────────────────────────────────────────────────────┤
│ Kurs der Annuitätenschuld je 100 DM nominal                     │
├─────────────────────────────────────────────────────────────────┤
│ MEMORY 1              0   S-Speichern R-Rückrufen PGDN-vor PGUP-zurück │
├─────────────────────────────────────────────────────────────────┤
│ F1-Hilfe  F2-Anmerkung  F3-Beispiel  F5-Dateien  F10-rechnen  ESC-Menü │
└─────────────────────────────────────────────────────────────────┘
```

Abb. 43: Kurs- und Effektivzinsberechnung einer Annuitätenschuld

9. Finanzmathematische Faktoren

Die den vorangegangenen Kapiteln zugrunde liegenden finanzmathematischen Faktoren können in diesem letzten Programmpunkt von **fima** noch einmal separat ermittelt werden. Der Anwender bestimmt durch seine Eingabe entweder den Zinssatz oder die Periodenanzahl als konstante Größe. **fima** variiert dann die jeweils verbleibende Variable und stellt das Ergebnis tabellarisch dar.

9.1 Aufzinsungs- und Abzinsungsfaktoren

Auf- bzw. Abzinsungfaktoren werden beispielsweise in der Investitionsrechnung zur Bestimmung von Gegenwartswerten angewendet (vgl. Kap. 5.1). Die mathematischen Zusammenhänge sollen noch einmal kurz in Erinnerung gerufen werden. Die Aufzinsung eines in t=0 vorhandenen Kapitalbetrags K_0 auf den Zeitpunkt t = n erfolgt über die folgende Aufzinsungsformel:

$$K_n = K_0 \cdot q^n$$

Der Faktor q^n wird dabei als *Aufzinsungsfaktor* bezeichnet. Analog ergibt sich für die Abzinsung eines vorgegebenen Kapitalbetrages über n Perioden der folgende Ausdruck:

$$K_0 = K_n \cdot q^{-n}$$

Der Faktor q^{-n} wird entsprechend mit dem Begriff *Abzinsungsfaktor* umschrieben.

Der erste Abschnitt der tabellarischen Ergebnisdarstellung bei einem Kalkulationszinsfuß von 10% kann der folgenden Abbildung entnommen werden:

```
┌─────────────────────────────────────────────────────────────────┐
│ AUFZINSUNGS-, ABZINSUNGSFAKTOREN                                │
├─────────────────────────────────────────────────────────────────┤
│    n           AuF              AbF                             │
│    1         1.100000          0.909091                         │
│    2         1.210000          0.826446                         │
│    3         1.331000          0.751315                         │
│    4         1.464100          0.683013                         │
│    5         1.610510          0.620921                         │
│    6         1.771561          0.564474                         │
│    7         1.948717          0.513158                         │
│    8         2.143589          0.466507                         │
│    9         2.357948          0.424098                         │
│   10         2.593742          0.385543                         │
│   11         2.853117          0.350494                         │
│   12         3.138428          0.318631                         │
│   13         3.452271          0.289664                         │
│   14         3.797498          0.263331                         │
│   15         4.177248          0.239392                         │
├─────────────────────────────────────────────────────────────────┤
│ Zinssatz i: 0.1   Zinsfaktor q: 1.1                             │
├─────────────────────────────────────────────────────────────────┤
│ F1-Hilfe  F6-Drucken  HOME/END PGUP/PGDN UP/DOWN-Tabelle bewegen   ESC-Quit │
└─────────────────────────────────────────────────────────────────┘
```

Abb. 44: Aufzinsungs-, Abzinsungsfaktoren

9.2 Rentenbarwert-, Rentenendwert-, Annuitätenfaktoren

Die in Kapitel 6 abgeleiteten Faktoren werden in diesem Programmpunkt von **fima** tabellarisch zusammengefaßt und für variierende Zinssätze bzw. variierende Laufzeiten am Bildschirm dargestellt. Die zugrunde liegenden Formeln werden an dieser Stelle noch einmal aufgeführt:

$$\text{RBF}^n_{n,i} = \frac{q^n - 1}{q^n \cdot i}$$

$$\text{REF}^n_{n,i} = \frac{q^n - 1}{q - 1}$$

$$RBF^v_{n,i} = \frac{1}{q^{n-1}} \cdot \frac{q^n - 1}{q - 1}$$

$$REF^v_{n,i} = q \cdot \frac{q^n - 1}{q - 1}$$

$$WGF^n_{n,i} = \frac{q^n \cdot i}{q^n - 1}$$

Der Wiedergewinnungsfaktor wird auch als Annuitätenfaktor bezeichnet.

Der erste Abschnitt der tabellarischen Ergebnisdarstellung bei einem Kalkulationszinsfuß von 10% kann der folgenden Abbildung entnommen werden:

RENTENBARWERT-, RENTENENDWERT-, ANNUITÄTENFAKTOREN					
n	RBFnach	REFnach	RBFvor	REFvor	ANF
1	0.90909	1.00000	1.00000	1.10000	1.10000
2	1.73554	2.10000	1.90909	2.31000	0.57619
3	2.48685	3.31000	2.73554	3.64100	0.40211
4	3.16987	4.64100	3.48685	5.10510	0.31547
5	3.79079	6.10510	4.16987	6.71561	0.26380
6	4.35526	7.71561	4.79079	8.48717	0.22961
7	4.86842	9.48717	5.35526	10.43589	0.20541
8	5.33493	11.43589	5.86842	12.57948	0.18744
9	5.75902	13.57948	6.33493	14.93742	0.17364
10	6.14457	15.93742	6.75902	17.53117	0.16275
11	6.49506	18.53117	7.14457	20.38428	0.15396
12	6.81369	21.38428	7.49506	23.52271	0.14676
13	7.10336	24.52271	7.81369	26.97498	0.14078
14	7.36669	27.97498	8.10336	30.77248	0.13575
15	7.60608	31.77248	8.36669	34.94973	0.13147
Zinssatz i: 10 %					
F1-Hilfe F6-Drucken HOME/END PGUP/PGDN UP/DOWN-Tabelle bewegen ESC-Quit					

Abb. 45: Rentenbarwert-, Rentenendwert-, Annuitätenfaktoren

Anhang I

Formelsammlung

Folgen und Reihen

i-tes Glied einer arithmetischen Folge

$$a_i = a_1 + (i-1)d$$

Arithmetische Reihe

$$S = n \cdot \frac{a_1 + a_n}{2}$$

i-tes Glied einer geometrischen Folge

$$a_i = a_1 \cdot q^{i-1}$$

Geometrische Reihe

$$S = a_1 \cdot \frac{q^n - 1}{q - 1}$$

Symbole a_i i-tes Element der Zahlenfolge
  i Indexelement
  q konstanter Faktor bzw. Quotient zweier aufeinanderfolgender Glieder einer geometrischen Folge
  S Summe der ersten n Glieder einer Folge

Abschreibungen

Lineare Abschreibung

$$S = a_0 - (L_n^E - L_n^A)$$

$$A = \frac{S}{n}$$

Digitale arithmetisch - degressive Abschreibung

$$D = \frac{2}{n(n+1)} \cdot S$$

$$A_n = D$$

Allgemeine arithmetisch - degressive Abschreibung

$$D = \frac{2(n \cdot A_1 - S)}{(n-1)n}$$

$$A_n = A_1 - (n-1)D$$

Geometrisch - degressive Abschreibung

$$p = 1 - \sqrt[n]{\frac{RBW_n}{a_0}}$$

Symbole
a_0 Anschaffungsauszahlung
A_t Abschreibung im Jahr t
D Abschreibungsdifferenz
L_n^A Auszahlung bei Liquidation im Zeitpunkt n
L_n^E Einzahlung bei Liquidation im Zeitpunkt n
p Prozentsatz der geometrisch-degressiven Abschreibung
RBW_t Restbuchwert am Ende der Periode t
S Abschreibungsausgangsbetrag

Zinsrechnung

Jährliche Verzinsung mit einfachen Zinsen

$$K_n = K_0(1 + n \cdot i)$$

Jährliche Verzinsung mit Zinseszinsen

$$K_n = K_0 \cdot q^n$$

Jährliche Verzinsung mit gemischten Zinsen

$$K_n = K_0 \cdot q^n$$
$$s = \frac{rl}{Z_p}$$
$$Z^E = s \cdot i \cdot K_g$$
$$K^E = K_g + Z^E = K_g(1 + s \cdot i)$$

Unterjährige Verzinsung mit einfachen Zinsen

$$i_p = \frac{i_{nom}}{m}$$
$$Z_p = K_0 \cdot i_p$$
$$K_{k,t} = K_0 + [(t-1) \cdot m + k] Z_p$$

Unterjährige Verzinsung mit Zinseszinsen

$$(t-1)m + k = \text{Anzahl der Perioden}$$
$$q_p = 1 + \frac{i_{nom}}{m}$$
$$K_{k,t} = K_0 \cdot q_p^{(t-1)m+k}$$

Anhang I

Unterjährige Verzinsung mit gemischten Zinsen

$$s = \frac{rl}{Zp}$$
$$i^E = s \cdot i_{nom}$$
$$Z^E = i^E \cdot K_g$$
$$K^E = K_g + Z^E = K_g + i^E \cdot K_g = K_g(1 + i^E)$$

Stetige Verzinsung

$$K_n = K_0 \cdot e^{n \cdot i}$$

Symbole
e	Eulersche Zahl
i	Zinsfuß (-satz)
i^E	Zinssatz der Restlaufzeit
i_{nom}	nomineller Jahreszins
i_p	Periodenzinsfuß
K_0	Kapital zu Beginn der Kapitalanlage
K^E	Kapital am Ende der Laufzeit
K_g	Kapital zum letzten ganzzahligen Zinsverrechnungszeitpunkt
$K_{k,t}$	Kapital am Ende der Zinsperiode k des Jahres t
K_t	Kapital am Ende des Jahres t
m	Anzahl der Zinsperioden pro Jahr
q	Zinsfaktor q = 1 + i
rl	Restlaufzeit
s	Anteil der Restlaufzeit am einjährigen Zinsintervall
Z^E	Zinsen der nicht ganzzahligen Restlaufzeit
Zp	einjähriges Zinsintervall
Z_p	Periodenzins

Investitionsrechnung

Gegenwartswert

$$G_{t*} = \sum_{t=0}^{n} d_t \cdot q^{t*-t}$$

Kapitalwert

$$C = -a_0 + \sum_{t=1}^{n} d_t \cdot q^{-t}$$

Zusätzlicher Endwert

$$\Delta EW = EW^M - EW^O$$

$$EW^M = (EK - a_0) q^n + \sum_{t=1}^{n} d_t \cdot q^{n-t}$$

$$EW^O = EK \cdot q^n$$

Annuität

$$a = C \cdot ANF_{n,i}$$

Interner Zinsfuß

$$C = -a_0 + \sum_{t=1}^{n} d_t \cdot (1+r)^{-t} \stackrel{!}{=} 0$$

Anhang I

Pay-off-Periode

$$-a_0 + \sum_{t=1}^{t'} d_t \cdot q^{-t} \geq 0$$

Symbole		
	a	Annuität
	a_0	Anschaffungsauszahlung
	$ANF_{n,i}$	Annuitätenfaktor bei einer Nutzungsdauer von n Jahren und einem Kalkulationszinsfuß i
	C	Kapitalwert
	ΔEW	Zusätzlicher Endwert
	d_t	Einzahlungüberschuß im Zeitpunkt t
	EK	Eigenkapital
	EW^M	Endwert bei Realisierung der Investition (**M**it Investition)
	EW^O	Endwert bei Realisierung der Opportunität (**O**hne Investition)
	G_{t^*}	Gegenwartswert zum Zeitpunkt t*
	q	Zinsfaktor q = 1 + i
	r	interner Zinsfuß

Rentenrechnung

Rentenbarwert der vorschüssigen endlichen Rente

$$RBW_{n,i} = \tilde{r} \cdot \frac{1}{q^{n-1}} \cdot \frac{q^n - 1}{q - 1}$$

Rentenendwert der vorschüssigen endlichen Rente

$$REW_{n,i} = \tilde{r} \cdot q \cdot \frac{q^n - 1}{q - 1}$$

Rentenbarwert der nachschüssigen endlichen Rente

$$RBW_{n,i} = r \cdot \frac{q^n - 1}{q^n \cdot i}$$

Rentenendwert der nachschüssigen endlichen Rente

$$REW_{n,i} = r \cdot \frac{q^n - 1}{q - 1}$$

Rentenbarwert der vorschüssigen ewigen Rente

$$RBW_{\infty,i} = \tilde{r} + \tilde{r} \cdot \frac{1}{i}$$

Rentenbarwert der nachschüssigen ewigen Rente

$$RBW_{\infty,i} = \frac{r}{i}$$

Anhang I

Symbole	i	Zinsfuß (-satz)
	q	Zinsfaktor $q = 1 + i$
	$\tilde{r}$	Rentenzahlung der vorschüssigen Rente
	r	Rentenzahlung der nachschüssigen Rente
	$RBW_{n,i}$	Rentenbarwert
	$REW_{n,i}$	Rentenendwert

Tilgungsrechnung

Tilgungsbeträge bei Ratentilgung

$$R_t = \begin{cases} i \cdot S_0 & \text{für } t = 1, \ldots, f \\ i\,[S_0 - [t - (f+1)]\,T] + T & \text{für } t = f+1, \ldots, n \end{cases}$$

Tilgungsbeträge bei Annuitätentilgung

$$R_t = \begin{cases} i \cdot S_0 & \text{für } t = 1, \ldots, f \\ S_0 \cdot ANF_{n-f,i} & \text{für } t = f+1, \ldots, n \end{cases}$$

Symbole	$ANF_{n,i}$	Annuitätenfaktor bei einer Nutzungsdauer von n Jahren und einem Kalkulationszinsfuß i
	f	Anzahl der tilgungsfreien Jahre
	i	Zinsfuß (-satz)
	R_t	Rückzahlungsbetrag zum Zeitpunkt t
	S_0	Nennwert des Kredites
	T	konstante Tilgungsrate
	t	Zeitindex

Kurs und Rendite

Kurs einer Zinsschuld

$$P = \sum_{t=1}^{n} Z_t \cdot q_{eff}^{-t} + NW(1+g)\, q_{eff}^{-n}$$

Kurs einer Ratenschuld

$$P = \sum_{t^*=1}^{n} \left[i_{nom}\left[NW - \{[t^* + (gl - rl)] - 1\}\frac{NW}{n}\right] + \frac{NW}{n}\right] \cdot q_{eff}^{-t^*}$$

Kurs einer Annuitätenschuld

$$P = NW \cdot \frac{(1 + i_{nom})^{gl} \cdot i_{nom}}{(1 + i_{nom})^{gl} - 1} \cdot \frac{(1 + i_{eff})^{rl} - 1}{(1 + i_{eff})^{rl} \cdot i_{eff}}$$

Symbole
g Aufgeld in Prozent
gl Gesamtlaufzeit des Ratenkredits
i_{eff} effektiver Jahreszins
i_{nom} nomineller Jahreszins
NW Nennwert
P Kurs des betrachteten Papiers bei gegebenem i_{eff}
q_{eff} Zinsfaktor der Zinsperiode, $q_p = 1 + i_{eff}$
rl Restlaufzeit
Z_t Zinsen am Ende des Jahres t

Finanzmathematische Faktoren

Aufzinsungsformel

$$K_0 = K_n \cdot q^{-n}$$

Abzinsungsformel

$$K_n = K_0 \cdot q^n$$

Rentenbarwertfaktoren

$$RBF_{n,i}^n = \frac{q^n - 1}{q^n \cdot i}$$

$$RBF_{n,i}^v = \frac{1}{q^{n-1}} \cdot \frac{q^n - 1}{q - 1}$$

Rentenendwertfaktoren

$$REF_{n,i}^n = \frac{q^n - 1}{q - 1}$$

$$REF_{n,i}^v = q \cdot \frac{q^n - 1}{q - 1}$$

Wiedergewinnungsfaktor (Annuitätenfaktor)

$$WGF_{n,i}^n = \frac{q^n \cdot i}{q^n - 1}$$

Symbole $ANF_{n,i}$ Annuitätenfaktor bei einer Nutzungsdauer von n Jahren und einem Kalkulationszinsfuß i
 i Zinsfuß (-satz)
 K_0 Kapital zu Beginn der Kapitalanlage
 K_t Kapital am Ende des Jahres t
 q Zinsfaktor $q = 1 + i$
 $RBF^n_{n,i}$ nachschüssiger Rentenbarwertfaktor
 $RBF^v_{n,i}$ vorschüssiger Rentenbarwertfaktor
 $REF^n_{n,i}$ nachschüssiger Rentenendwertfaktor
 $REF^v_{n,i}$ vorschüssiger Rentenendwertfaktor

Anhang II

Bedienung von fima

INHALT

1. Tastenbelegung
2. Direkt-Hilfen
    2.1 Die F1-Taste
    2.2 Die F2-Taste
3. Textfenster
4. Hauptmenü
5. Ein-/Ausgabemasken
    5.1 Aufbau einer Maske
    5.2 Bearbeitung der Eingabefelder
        5.2.1 Tastenbelegung
        5.2.2 Markierung eines Feldes
    5.3 Funktionen innerhalb einer Maske
    5.4 Berechnung der Ergebnisse
    5.5 Der Zahlenspeicher
6. Tabellen
    6.1 Aufbau einer Tabelle
    6.2 Handhabung einer Tabelle

7. Dateimanager
    7.1 Vorbemerkungen
    7.2 Bildschirmaufbau
    7.3 Bedienung
        7.3.1   Auswahl des Datensatzes
        7.3.2   Texteingabe in die Felder 'Satz-Name' und 'Kommentar'
        7.3.3   Tastenbelegung
    7.4 Liste der kompatiblen Masken
8. Farben und akustische Signale
    8.1 Farben
    8.2 Akustische Signale

1. Tastenbelegung

Die Tasten werden im Text wie folgt bezeichnet:

F1 bis F10	Funktionstasten

ENTER	↵ (Enter)
ESC	Escape
SPACE	Leertaste

UP	Cursor nach oben (Pfeil nach oben)
DOWN	Cursor nach unten (Pfeil nach unten)
LEFT	Cursor nach links (Pfeil nach links)
RIGHT	Cursor nach rechts (Pfeil nach rechts)
PGUP	Bild hoch
PGDN	Bild runter
HOME	home (Pos1)
END	end (Ende)

INS	insert (Einfügen)
DEL	delete (Entfernen)
BACKSPACE	Backspace (große Taste mit Pfeil nach links)

[?]	Fragezeichen
[!]	Ausrufezeichen
[+]	Pluszeichen

CTRL	Control (Strg)
ALT	Alternate (Alt)

2. Direkt-Hilfen

2.1 Die F1-Taste

Nach Betätigung der Funktionstaste F1 wird ein Hilfefenster eingeblendet, das Hinweise zur Bedienung des aktuellen Programmteils enthält. Die Informationen werden entweder direkt ausgegeben oder der Anwender wird aufgefordert, in einer am Bildschirm dargestellten Liste das gewünschte Themengebiet mit einem Auswahlbalken zu kennzeichnen. Nach der Markierung mit Hilfe der Pfeiltasten und anschließender Bestätigung durch ENTER werden die gewünschten Informationen auf dem Bildschirm dargestellt.

2.2 Die F2-Taste

Die F2-Taste hat nur bei den Eingabemasken eine Funktion. In einem Hilfefenster werden finanzmathematische Informationen zum aktuellen Menüpunkt gegeben, und zwar:

- Definitionen,
- Prämissen,
- Besonderheiten.

3. Textfenster

Ein Textfenster ist ein Bildschirmausschnitt, in dem Informationen bereitgestellt werden. Beispielsweise erscheint bei Betätigung der F1-Taste eine Direkt-Hilfe in einem Textfenster.

Mit den Cursortasten kann der angezeigte Text beliebig im Fenster verschoben werden.

DOWN	schiebt den Text eine Zeile weiter
UP	schiebt den Text eine Zeile zurück
PGDN	blättert eine Seite vor
PGUP	blättert eine Seite zurück
HOME	bewegt zum Textanfang
END	bewegt zum Textende

Mit der ESC-Taste wird das Fenster verlassen und wieder geschlossen.

Am linken Rand des Fensters erscheint ein Streifen, auf dem sich eine Markierung (❚) befindet. Dieser sogenannte 'Scrollbar' zeigt die aktuelle Position innerhalb des Gesamttextes an. Befindet sich die Markierung am unteren Ende des markierten Streifens, so ist das Textende erreicht.

4. Hauptmenü

Im Hauptmenü können die gewünschten Programmfunktionen ausgewählt werden. Das Hauptmenü besteht aus einer Menü-Leiste (action bar) und den dazugehörigen Pull-Down-Menüs.

Der Auswahlbalken der Menüleiste kann durch die Cursortasten LEFT, RIGHT, UP, DOWN, HOME und END bewegt werden. Ein Menüpunkt der Menüleiste kann auch direkt aufgerufen werden, indem gleichzeitig die ALT-Taste und der hervorgehobene Buchstabe des Menüpunktes betätigt werden. Solange kein Pull-Down-Menü geöffnet ist, kann die Auswahl des gewünschten Menüpunktes auch durch alleinige Eingabe des hervorgehobenen Buchstabens erfolgen.

Bei Auswahl eines Menüpunktes öffnet sich das zugehörige Pull-Down-Menü automatisch bzw. nach Betätigung der ENTER - Taste. Innerhalb eines Pull-Down-Menüs wird der Auswahlbalken mit den Tasten UP, DOWN, PGUP, PGDN verschoben. Befindet sich der Auswahlbalken des Pull-Down-Menüs auf dem gewünschten Feld, wird die Wahl durch die ENTER-Taste bestätigt. Ebenso kann die Wahl durch Eingabe des hervorgehobenen Buchstabens getroffen werden.

Nach Auswahl des gewünschten Menüpunktes verzweigt das Programm zum entsprechenden Programmteil.

Im unteren Teil des Bildschirms befindet sich eine Box mit der Überschrift 'Erklärungen zum gewählten Menüpunkt'. Diese Box enthält eine kurze Erläuterung zum Menüpunkt, auf dem sich der Auswahlbalken befindet. Die erste Zeile erklärt das aktuelle Feld der Menüleiste, die zweite Zeile beschreibt das aktuelle Feld des Pull-Down-Menüs. Sind unter einem Pull-Down-Menü weitere Pull-Down-Menüs vorhanden - zu erkennen an den Punkten '...' -, so wird ihr Inhalt durch die dritte Zeile beschrieben.

5. Ein-/Ausgabemasken

5.1 Aufbau einer Maske

- In der obersten Zeile wird die Bezeichnung des ausgewählten Programmteils angezeigt.
- Dann folgt eine meistens zweizeilige Anleitung zur Dateneingabe.
- Unter dieser Anleitung befinden sich die Ein- und Ausgabefelder der Maske. Bei einigen Masken existieren neben *gemischten* Ein- und Ausgabefeldern auch *reine* Ausgabefelder, die nur zur Ergebnisdarstellung dienen und nicht beschrieben oder markiert werden können.
- In der folgenden Zeile werden kurze Erklärungen zum aktuellen Eingabefeld eingeblendet.
- Die nächste Zeile beinhaltet den aktuellen Speicherplatz des Zahlenspeichers.
- In der untersten Zeile werden die wichtigsten Funktionstasten aufgeführt.

5.2 Bearbeitung der Eingabefelder

5.2.1 Tastenbelegung

HOME	setzt den Auswahlbalken auf das erste Feld der Maske
END	setzt den Auswahlbalken auf das letzte Feld der Maske
UP	verschiebt den Auswahlbalken um ein Feld nach oben
DOWN	verschiebt den Auswahlbalken um ein Feld nach unten
LEFT	verschiebt den Auswahlbalken um ein Feld nach links
RIGHT	verschiebt den Auswahlbalken um ein Feld nach rechts
ENTER	steuert das nächste logisch folgende Feld an
DEL, INS	löscht das aktuelle Eingabefeld
BACKSPACE	löscht die zuletzt eingegebene Ziffer
[?], [!], [+]	markiert ein Feld der Maske

5.2.2 Markierung eines Feldes

Mit den unter 5.2.1 angegebenen Tasten wird der Auswahlbalken auf dem gewünschten Feld positioniert. Das ausgewählte Feld wird nun, entsprechend der Aufforderung auf dem Bildschirm, mit der [?]- oder [!]-Taste markiert. Die Markierung wird hierdurch von ihrer alten Position auf die neue Position verschoben. Die gesuchte bzw. gegebene Variable kann ebenso mit Hilfe der [+]-Taste markiert werden.

[?] Die mit einem Fragezeichen gekennzeichnete Variable wird bei der Durchführung einer Berechnung als *gesuchte* Variable angesehen. Hierbei wird der Inhalt (Wert) des Feldes neu berechnet.

[!] Die mit einem Ausrufezeichen gekennzeichnete Variable wird bei der Berechnung als *gegebene* Variable angesehen, und es werden die anderen Felder der Maske berechnet.

5.3 Funktionen innerhalb einer Maske

F1 Ein Textfenster mit Informationen über die Bedienung und die Tastenbelegung wird geöffnet.

F2 Ein Textfenster mit einer Direkt-Hilfe, die sich auf die jeweilige finanzmathematische Methode bezieht, wird geöffnet. Es enthält Informationen zum aktuellen Programmteil, wie z. B. Definitionen oder Prämissen.

F3 Ein Beispiel zur Maske wird geladen. Im unteren Bildteil erscheint ein Textfenster mit einem kurzen Beispielfall. Die Daten dieses Beispiels werden automatisch in die Eingabefelder der Maske übertragen. Nach Betätigung der Funktionstaste F10 wird die Berechnung des Beispiels durchgeführt das Ergebnis in Maske und Textfenster eingefügt.

F4 Schaltet die akustischen Signale an oder aus.

F5 Der Dateimanager wird geladen. In diesem Teil des Programms können die Daten der aktuellen Maske gespeichert und geladen werden.

F6 Die Daten der Maske werden ausgedruckt. Gedruckt werden nur die Bezeichnung der Maske und die Ein- und Ausgabefelder.

F7 Alle 25 Speicherplätze des Zahlenspeichers werden gelöscht.

F8 Alle Ein- und Ausgabefelder der Maske werden gelöscht. Zusätzlich wird der Auswahlbalken auf seine Ausgangsposition gesetzt.

F9 Verarbeitung der Eingabedaten. Falls im Programmteil vorgesehen, werden nach der Berechnung die Ergebnisse in einer Tabelle dargestellt.

F10 Die Eingabedaten werden kontrolliert, es erfolgt die Berechnung und die Ausgabe der gesuchten Variablen in den dafür vorgesehenen Ausgabefeldern.

ESC Zurück zum Hauptmenü! Der aktuelle Inhalt der Maske bleibt erhalten und wird bei erneuter Anwahl des Themengebietes am Bildschirm dargestellt.

5.4 Berechnung der Ergebnisse

Die Anweisungen im oberen Teil der Maske erläutern die nötigen Arbeitsschritte zur Dateneingabe. Nach der Markierung des gesuchten bzw. gegebenen Feldes (siehe 5.2.2) wird mit den Funktionstasten F9 bzw. F10 die Berechnung der Ergebnisse veranlaßt.

5.5 Der Zahlenspeicher

Das Programm ist mit einem Zahlenspeicher mit 25 Speicherplätzen ausgerüstet. Das Ein- und Ausgabefeld des Zahlenspeichers befindet sich in der vorletzten Textzeile ('Memory').

Mit Hilfe dieses Speichers können einzelne Felder einer Maske gespeichert (Store) und an beliebiger Stelle des Programms in ein Eingabefeld zurückgeschrieben werden (Recall). Bei der Recall-Funktion wird eine Kontrolle auf Kompatibilität des Speicherfeldes mit dem Eingabefeld durchgeführt (z. B. darf eine negative Zahl nicht in ein Eingabefeld für Laufzeiten von Krediten kopiert werden).

Mit PGUP und PGDN können die einzelnen Speicherplätze eingesehen und als Ein-/Ausgabefeld bestimmt werden.

Mit den Tasten [S] (Store) und [R] (Recall) werden die Zahlen zwischen Eingabefeld und aktuellem Speicherplatz transferiert.

- [S] kopiert das aktuelle Eingabefeld der Maske in den aktuellen (angezeigten) Speicherplatz.

- [R] kopiert den Inhalt des aktuellen Speicherplatzes in das aktuelle Eingabefeld der Maske.

- Die F7-Taste löscht alle 25 Speicherplätze.

6. Tabellen

6.1 Aufbau einer Tabelle

Die Ergebnisdarstellung kann bei den meisten Masken tabellarisch erfolgen. Eine Tabelle wird bei Betätigung der F9-Taste erstellt, soweit dieses nicht automatisch nach der Berechnung durch F10 geschieht.

- In der obersten Zeile befindet sich die Bezeichnung des gewählten Menüpunktes, zu dem die Tabelle gehört.
- In der nächsten Zeile befinden sich die Bezeichnungen der einzelnen Tabellenspalten.
- Es folgen die berechneten Zahlen der Tabelle.
- Als vorletzter Eintrag kann eine Textzeile vorhanden sein, die zusätzliche Informationen zur Tabelle enthält, z. B. Parameter, die für alle Tabellenwerte konstant sind.
- In der letzten Zeile werden die Funktionstasten der Tabelle angezeigt.

6.2 Handhabung einer Tabelle

F1	Direkt-Hilfe zur Tastenbelegung
F6	Ausdruck des momentan auf dem Bildschirm sichtbaren Tabellenteils.

Falls die Tabelle nicht komplett auf dem Bildschirm zu sehen ist, kann der Tabelleninhalt durch folgende Tasten im Bildschirmausschnitt bewegt werden:

HOME	zeigt den Anfang der Tabelle
END	zeigt das Ende der Tabelle
PGDN	blättert die Tabelle um eine Bildschirmseite weiter
PGUP	blättert die Tabelle um eine Bildschirmseite zurück
DOWN	schiebt die Tabelle um eine Zeile nach oben (weiter)
UP	schiebt die Tabelle um eine Zeile nach unten (zurück)
ESC	führt zum Verlassen der tabellarische Darstellung und zur Rückkehr zur Eingabemaske

7. Dateimanager

7.1 Vorbemerkung

Mit Hilfe des Dateimanagers können Maskeninhalte auf Diskette oder Festplatte gespeichert und wieder geladen werden. Ebenso können Datensätze aus Dateien gelöscht werden. Ein Datensatz besteht aus den gespeicherten Feldinhalten einer Maske. Eine Datei besteht aus mehreren Datensätzen. In einer Datei werden die Datensätze der Masken gespeichert, die zueinander kompatibel sind. So sind z. B. die Datensätze der Masken 'einfache jährliche Verzinsung', 'jährliche Verzinsung mit Zinseszinsen' und 'jährliche Verzinsung mit gemischter Verzinsung' in einer Datei zusammengefaßt. Auf diese Weise lassen sich schnell komplette Datensätze von einer zur anderen Maske kopieren und vergleichende Berechnungen durchführen. Eine Auflistung der kompatiblen Masken befinden sich unter Punkt 7.4.

7.2 Bildschirmaufbau

- Unter dem Titel und der kurzen Bedienungsanweisung befinden sich zwei Eingabefelder für den Datensatznamen und für einen Kommentar.
- Nach einer Trennlinie folgt eine Liste mit in der Datei gespeicherten Datensätzen und deren Kommentaren.
- In der vorletzten Zeile wird der Name des Menüpunktes genannt, von dem der Dateimanager aufgerufen wurde.
- Die letzte Zeile enthält Informationen zur Tastenbelegung.

7.3 Bedienung

7.3.1 Auswahl des Datensatzes

Bearbeitet, d. h. geladen, gespeichert oder gelöscht, wird immer der Datensatz, der im Feld 'Satz-Name' eingetragen ist. Der Name des Datensatzes kann hier per Tastatur eingegeben oder aus der Datensatzliste ausgewählt und in das 'Satz-Name' Feld kopiert werden.

Mit der ENTER-Taste wird der mit dem Auswahlbalken markierte Datensatzname samt Kommentar in die beiden oberen Felder kopiert. Falls die Datensätze nicht komplett im Bildschirmausschnitt zu sehen sind, können sie, wie bei einem Textfenster (vgl. 3.2) auf- und abgerollt werden.

HOME	zeigt den Anfang der Liste
END	zeigt das Ende der Liste
DOWN	blättert einen Datensatz weiter
UP	blättert einen Datensatz zurück

7.3.2 Texteingabe in die Felder 'Satz-Name' und 'Kommentar'

Die Felder lassen sich mit folgenden Tasten editieren.

LEFT	verschiebt den Cursor ein Zeichen nach links
RIGHT	verschiebt den Cursor ein Zeichen nach rechts
HOME	verschiebt den Cursor auf das erste Zeichen
END	verschiebt den Cursor hinter das letzte Zeichen
BACKSPACE	löscht das Zeichen vor dem Cursor
DEL	löscht das Zeichen über dem Cursor
INS	löscht das gesamte Eingabefeld

7.3.3 Tastenbelegung

F5	lädt den gewählten Datensatz in die aufrufende Maske
F6	speichert die aktuellen Daten der aufrufenden Maske unter dem Namen, der in 'Satz-Name' genannt ist
F7	löscht den genannten Datensatz aus der Datei (die Felder der Maske werden nicht gelöscht)
TAB	wechselt vom 'Satz-Namen' zum 'Kommentar' bzw. vom 'Kommentar' zur Satzliste und von der Liste wieder zum 'Satz-Namen'
PGDN	wechselt vom 'Satz-Namen' bzw. 'Kommentar' zur Datenliste
PGUP	wechselt von der Datenliste zum 'Satz-Namen'
ESC	führt zum Verlassen des Dateimanagers und zur Rückkehr zur vorherigen Maske

7.4 Liste der kompatiblen Masken

Datensätze von Masken, die inhaltlich zusammenpassen, werden zum Transfer von Maskeninhalten innerhalb einer Datei gespeichert. Die folgende Liste zeigt, welche Masken innerhalb einer Datei gespeichert werden, also kompatibel zueinander sind.

```
arithmetische Folge
geometrische Folge
```

```
arithmetische Reihe
geometrische Reihe
```

| lineare Abschreibung,
| digitale Abschreibung
| geometrisch degressive Abschreibung |

| jährliche Verzinsung mit einfachen Zinsen
| jährliche Verzinsung mit Zinseszinsen
| jährliche Verzinsung mit gemischten Zinsen |

| unterjährige Verzinsung mit einfachen Zinsen
| unterjährige Verzinsung mit Zinseszinsen
| unterjährige Verzinsung mit gemischten Zinsen |

| Gegenwartswert
| spezielle Zielwerte |

| endliche, vorschüssige Rente
| endliche, nachschüssige Rente |

| ewige vorschüssige Rente
| ewige nachschüssige Rente |

| Ratentilgung
| Annuitätentilgung |

| Kurs- und Effektivzinsberechnung einer Ratenschuld
| Kurs- und Effektivzinsberechnung einer Annuitätenschuld |

| Aufzinsungs-, Abzinsungsfaktoren
| Rentenbarwert-, Rentenendwert-, Annuitätenfaktoren |

8. Farben und akustische Signale

8.1 Farben

Der Programmablauf wird durch farbige Darstellungen und durch akustische Signale unterstützt. Voraussetzung für eine farbige Darstellung ist eine Farbgrafikkarte und ein Farb- oder Graustufenmonitor.

Farben haben innerhalb des Programms stets die gleiche Bedeutung.

Weiß	alle Felder einer Maske, außer dem aktuellen
Grün	aktuelle Felder:
	- Auswahlbalken im Hauptmenü
	- Erklärungszeilen zu den Hauptmenüpunkten
	- aktuelles Eingabefeld in den Masken
	- Erklärungszeile zu dem aktuellen Eingabefeld einer Maske
	- Auswahlbalken des Dateimanagers
Gelb	- Hot-Keys (hervorgehobene Buchstaben) und Funktionstasten
Lila	alle Hinweis- und Hilfefenster:
	- Hilfefenster
	- Informations- und Hinweisfenster
	- Bestätigungsfenster
Rot	alle Fenster, die beim Auftritt eines Fehlers geöffnet werden.

8.2 Akustische Signale

Folgende akustische Signale werden im Programm verwendet:

heller Ton	bestätigt die Eingabe der Taste F4, mit deren Hilfe die akustischen Signale an- oder ausgeschaltet werden
Brummton	zeigt einen Fehler an; je tiefer der Ton, desto schwerwiegender der Fehler

Symbolverzeichnis[1]

A_t	Abschreibung im Jahr t
a	Annuität
a_0	Anschaffungsauszahlung
a_i	i-tes Element der Zahlenfolge
$ANF_{n,i}$	Annuitätenfaktor bei einer Nutzungsdauer von n Jahren und einem Kalkulationszinsfuß i
C	Kapitalwert
D	Abschreibungsdifferenz
d	konstante Differenz zweier aufeinanderfolgender Glieder der Zahlungsfolge
d_t	Einzahlungüberschuß im Zeitpunkt t
e	Eulersche Zahl
ΔEW	Zusätzlicher Endwert
EK	Eigenkapital
EW^M	Endwert bei Realisierung der Investition (Mit Investition)
EW^O	Endwert bei Realisierung der Opportunität (Ohne Investition)
f	Anzahl der tilgungsfreien Jahre
g	Aufgeld in Prozent
g	Index des letzten ganzzahligen Zinsverrechnungszeitpunktes
gl	Gesamtlaufzeit des Ratenkredits
G_{t^*}	Gegenwartswert zum Zeitpunkt t*
i	Indexelement
i	Zinsfuß (-satz)

---

[1] Bedingt durch die allgemein übliche Variablenbenennung in den verschiedenen Gebieten der Finanzmathematik können Doppelbenennungen von Variablen nicht vermieden werden. Bezogen auf die spezifische Aufgabe ist die Variablenbezeichnung jedoch eindeutig.

Symbolverzeichnis

i^E	Zinssatz der Restlaufzeit
i_{eff}	effektiver Jahreszins
i_{kon}	konformer Zinsfuß
i_{nom}	nomineller Jahreszins
i_p	Periodenzinsfuß
i_{rel}	relativer Zinsfuß
k	Index der betrachteten Zinsperiode im Jahr t
K_0	Kapital zu Beginn der Kapitalanlage
K^E	Kapital am Ende der Laufzeit
K_g	Kapital zum letzten ganzzahligen Zinsverrechnungszeitpunkt
$K_{k,t}$	Kapital am Ende der Zinsperiode k des Jahres t
K_t	Kapital am Ende des Jahres t
L_n^A	Auszahlung bei Liquidation im Zeitpunkt n
L_n^E	Einzahlung bei Liquidation im Zeitpunkt n
m	Anzahl der Zinsperioden pro Jahr
n	Anzahl der Elemente einer Zahlenfolge
n	Periodenzahl des Betrachtungszeitraums
NW	Nennwert
P	Kurs des betrachteten Papiers bei gegebenem i_{eff}
p	Prozentsatz der geometrisch-degressiven Abschreibung
q	konstanter Faktor bzw. Quotient zweier aufeinanderfolgender Glieder einer geometrischen Folge
q	Zinsfaktor q = 1 + i
q_p	Zinsfaktor der Zinsperiode, $q_p = 1 + i_p$
q_{eff}	Zinsfaktor der Zinsperiode, $q_p = 1 + i_{eff}$
r	interner Zinsfuß
r	Rentenzahlung der nachschüssigen Rente

$\tilde{r}$	Rentenzahlung der vorschüssigen Rente
rl	Restlaufzeit
$RBF^v_{n,i}$	vorschüssiger Rentenbarwertfaktor
$RBF^n_{n,i}$	nachschüssiger Rentenbarwertfaktor
$RBW_{n,i}$	Rentenbarwert
RBW_t	Restbuchwert am Ende der Periode t
re	Rendite des Papiers bei gegebenem Kurs
$REF^v_{n,i}$	vorschüssiger Rentenendwertfaktor
$REF^n_{n,i}$	nachschüssiger Rentenendwertfaktor
$REW_{n,i}$	Rentenendwert
R_t	Rückzahlungsbetrag zum Zeitpunkt t
S	Abschreibungsausgangsbetrag
S	Summe der ersten n Glieder einer Folge
s	Anteil der Restlaufzeit am einjährigen Zinsintervall
S_0	Nennwert des Kredites
S_t	Restschuld im Jahre t
T	konstante Tilgungsrate
t	Zeitindex
t*	Bezugszeitpunkt
T_t	Tilgung zum Zeitpunkt t
Z^E	Zinsen der nicht ganzzahligen Restlaufzeit
$Z_{k,t}$	Zinsen der Periode k im Jahr t
Zp	einjähriges Zinsintervall
Z_p	Periodenzins
Z_t	Zinsen am Ende des Jahres t

Literaturverzeichnis

Bosch, K., Finanzmathematik, 2. Aufl., München 1990.

Caprano, E., Gierl, A., Finanzmathematik, 4. Aufl., München 1990.

Däumler, K.-D., Grundlagen der Investitions- und Wirtschaftlichkeitsrechnung, 6. Aufl., Herne, Berlin 1989.

Fay, F.J., Finanzmathematik, Bad Homburg 1973.

Forster, O., Analysis 1, 4. Aufl., Braunschweig, Wiesbaden 1983.

Grob, H. L., Einführung in die Investitionsrechnung, Eine Fallstudiengeschichte, Hamburg u. a.1990.

Hass, O., Finanzmathematik - finanzmathematische Methoden der Investitionsrechnung, 3. Aufl., München 1990.

Kobelt, H., Schulte, P., Finanzmathematik, 5. Aufl., Herne, Berlin 1991.

Köhler, H., Finanzmathematik, 2. Aufl., München, Wien 1987.

Kosiol, E., Finanzmathematik, 10. Aufl., Wiesbaden 1982.

Ziethen, R. E., Finanzmathematik, München 1986.

Sachverzeichnis

Abschreibung 20 ff.
- allgemeiner Fall 24, 30 ff.
- arithmetisch - degressive 24
- digitale 24, 25 ff.
- geometrisch - degressive 36
- lineare 21 f.

Abschreibungsausgangsbetrag 21, 24, 31

Abschreibungsdifferenz 25 ff., 39

Abschreibungssatz 36 f.

Abzinsung 69, 122

Annuität 74

Annuitätenfaktor 75, 106, 119, 124

Annuitätenschuld 119 ff.

Annuitätentilgung 105 ff.

Aufgeld 111, 113

Aufzinsung 69, 122

Barwert s. Kapitalwert

Eigenkapital 73

Einzahlungsüberschuß 68, 70

Endwert
- bei Realisierung der Inv. 73
- bei Realisierung der Op. 73
- zusätzlicher 68, 73 ff.

Folgen 6 ff.
- arithmetische 7 ff.
- geometrische 7 ff.

Gegenwartswert 68 ff.

Grenzwertbetrachtung 63 ff.

Investitionsobjekt 21, 68

Investitionsrechnung 68 ff.

Kalkulationszinsfuß 68

Kapitalbindung 43, 45, 100

Kapitalwert 68, 72 ff., 110

Kreditbetrag 100

Kurs 110 ff.

Kupon 111

Liquidation 21, 68

Liquidationserlös 22

Nennwert 110

Nutzungsdauer 20 ff., 26, 39, 68

Pay-off-Periode 68, 80

Ratenschuld 115 ff.

Ratentilgung 100

Reihen 7 ff.
- arithmetische 10 ff.
- geometrische 16 ff.

Rendite 100 ff., 110 ff.

Rente 86 ff.

- endliche 86 ff.
- ewige 94 ff.
- nachschüssige 91 ff, 97 f.
- vorschüssige 86 ff, 95 f.

Rentenbarwert 88, 94 f.

Rentenbarwertfaktor
- nachschüssiger 92, 123
- vorschüssiger 88, 124

Rentenendwert 87

Rentenendwertfaktor
- nachschüssiger 92, 123
- vorschüssiger 87 f., 124

Rentenrechnung 86

Rentenzahlung 90

Restlaufzeit 48, 60 ff.

Rückzahlungsbetrag 100

Tilgung 100 ff.

tilgungsfreie Jahre 100 ff., 115

Tilgungsrechnung 100

Verzinsung s. Zinsen
- stetige 63 ff.

Verzinsungsintensität 63

Werteverlust 20

Wiedergewinnungsfaktor 75, 124

- nachschüssiger 92
- vorschüssiger 91

Zahlungsreihe 68, 116

Zahlungsüberschuß 74

Zielwerte
- generelle 69
- klassische 72

Zinsen 43 ff, 100 ff.
- jährl. m. einf. Zinsen 43 ff.
- unterj. m. gem. Zinsen 60 ff.
- unterj. m. Zinseszinsen 58 ff.

Zinsfaktor 70, 112

Zinsfuß 43
- effektiver 51 ff., 55, 66
- interner 76 ff.
- konformer 53 ff.
- nominaler 50 f.
- Perioden- 55 ff.
- relativer 50 f, 55, 60

Zinsrechnung 43 ff.

Zinsschuld 111

Zinsverrechnungszeitpunkt 47 ff., 58

Zwischenwertsatz 80

GABLER-Fachliteratur zur Einführung in die Betriebswirtschaftslehre

Horst Albach / Renate Albach
Das Unternehmen als Institution
Eine Einführung
1989, XVI, 279 Seiten,
Broschur, 48,– DM
ISBN 3-409-13920-6

Erich Gutenberg
Einführung in die Betriebswirtschaftslehre
1958, Nachdruck 1990, 212 Seiten,
gebunden, 48,– DM
ISBN 3-409-88011-9

Edmund Heinen
Einführung in die Betriebswirtschaftslehre
9. Auflage 1985, 285 Seiten,
gebunden, 64,80 DM
ISBN 3-409-32750-9

Edmund Heinen
Schriftleitung: Arnold Picot
Industriebetriebslehre
Entscheidungen im Industriebetrieb
9., vollst. überarb. und erw. Auflage
1991, XII, 1604 Seiten,
gebunden, 128,– DM
ISBN 3-409-33152-2

Herbert Jacob
Allgemeine Betriebswirtschaftslehre
5., überarbeitete Auflage 1988,
VI, 1277 Seiten,
gebunden, 128,– DM
ISBN 3-409-32734-7

Herbert Jacob
Industriebetriebslehre
Handbuch für Studium und Prüfung
4., überarbeitete und erweiterte
Auflage 1990, 956 Seiten,
gebunden, 92,– DM
ISBN 3-409-33036-4

Peter Mertens / Hans D. Plötzeneder / Freimut Bodendorf
Programmierte Einführung in die Betriebswirtschaftslehre
Institutionenlehre
6., überarbeitete Auflage 1990,
358 Seiten, Broschur, 34,80 DM
ISBN 3-409-32080-6

Jean-Paul Thommen
Allgemeine Betriebswirtschaftslehre
Umfassende Einführung
aus managementorientierter Sicht
1991, 837 Seiten,
gebunden, 89,– DM
ISBN 3-409-13016-0

Wolfgang Weber
Einführung in die Betriebswirtschaftslehre
1991, XVI, 258 Seiten,
Broschur, 32,– DM
ISBN 3-409-13011-X

Zu beziehen über den Buchhandel oder den Verlag.
Stand der Angaben und Preise:
1.1.1992
Änderungen vorbehalten.

GABLER
BETRIEBSWIRTSCHAFTLICHER VERLAG DR. TH. GABLER, TAUNUSSTRASSE 54, 6200 WIESBADEN

Gabler-Literatur zur „Wirtschaftsinformatik" (Auswahl)

Ulrich Frank
Expertensysteme
Neue Automatisierungspotentiale im Büro- und Verwaltungsbereich?
1988, X, 280 Seiten,
Broschur DM 68,—
ISBN 3-409-13112-4

Karl Kurbel
Programmentwicklung
5., vollständig überarbeitete Auflage
1990, XIV, 199 Seiten,
Broschur 44,— DM
ISBN 3-409-31925-5

Dieter B. Preßmar (Schriftleitung)
Büro-Automation
(Schriften zur Unternehmensführung, Band 42)
1990, 156 Seiten,
Broschur 44,– DM
ISBN 3-409-13129-9

Joachim Reese
Wirtschaftsinformatik
Eine Einführung
1990, 166 Seiten,
Broschur 29,80 DM
ISBN 3-409-13380-1

August-Wilhelm Scheer (Schriftleitung)
Betriebliche Expertensysteme I
Einsatz von Expertensystemen in der Betriebswirtschaft
– Eine Bestandsaufnahme
(Schriften zur Unternehmensführung, Band 36)
1988, 176 Seiten, Broschur 44,— DM
ISBN 3-409-17905-4

Betriebliche Expertensysteme II
Einsatz von Expertensystem-Prototypen in betriebswirtschaftlichen Funktionsbereichen
(Schriften zur Unternehmensführung, Band 40)
1989, 145 Seiten, Broschur 42,— DM
ISBN 3-409-17909-7

Stefan Spang / Wolfgang Kraemer
Expertensysteme
Entscheidungsgrundlage für das Management
1991, 368 Seiten, gebunden 98,— DM
ISBN 3-409-13361-5

Zu beziehen über den Buchhandel oder den Verlag.

Stand der Angaben und Preise:
1.1.1992
Änderungen vorbehalten.

GABLER

BETRIEBSWIRTSCHAFTLICHER VERLAG DR. TH. GABLER, TAUNUSSTRASSE 54, 6200 WIESBADEN

Ein starkes Team für Ihren Weg nach oben. Gablers Computer Based Training-Programme.

CBT - hinter diesen drei Buchstaben verbirgt sich ein effizientes Aus- und Weiterbildungssystem mit qualitativ völlig neuen didaktischen Möglichkeiten. CBT steht für "Computer Based Training" und bedeutet aktives und kreatives Lernen mit Hilfe des Mediums "Computer", das im Wirtschaftsleben und nicht nur dort tagtäglich zum Einsatz kommt und häufig genug spektakuläre Erfolge erzielt. Erfolge, wie sie 100 Studenten an der Bamberger Universität verbuchen konnten, die

z.B. mit Hilfe des Lernprogrammes "Buchführung für Anfänger" deutlich bessere Prüfungsergebnisse erzielten als ihre Mitstudenten, die ausschließlich herkömmliche Übungen besuchten. Dieser didaktisch durchschlagende Erfolg war mit ein Grund, daß "Buchführung für Anfänger" vom Bundesminister für Bildung und Wissenschaft mit dem "Deutschen Hochschul-Software-Preis" ausgezeichnet

wurde. Stellvertretend für das überzeugende Konzept der ganzen Reihe, die dank der PC-Technologie eine effektivere und "spielerische" Art der Wissensvermittlung etablierte. Die moderne Lernsoftware garantiert durch praktische Fallbeispiele und optisch anschaulich vermitteltes Wissen zu vielfältigen Betriebswirtschafts- und anderen Themen einen schnellen und gründlichen Lernerfolg. Die aktive Wissensvermittlung an Tastatur und Bildschirm macht jedes Einzelprogramm zu einem idealen Begleiter für Studium, Schule oder die berufliche Fort - und Weiterbildung. Als Prüfungstraining, als Klausur- und Lernprogramm oder im innerbetrieblichen Einsatz - die Vorteile von CBT-Programmen liegen auf der Hand. Ein international tätiger Konzern hat z.B. ermittelt, daß ein 6-7 stündiges CBT-Programm effizienter als ein zweitägiges Seminar zur Wissensvermittlung eingesetzt werden kann. Die Lernsoftware überzeugt weiter durch:

- interaktive Vermittlung von Lerninhalten mit Text, Bild, Bewegung und Ton
- beliebige Wiederholbarkeit
- persönlich gesteuerte Lernzeit
- gleichbleibende Schulungsqualität mit hohem Niveau
- individuellen Einsatz zu Hause
- gemeinsamen Einsatz im Betrieb
- fachkundige Autoren, Wirtschaftswissenschaftler und Pädagogen
- überprüfbare und kontinuierliche Lernerfolge
- Simulationen aus der Praxis und die direkte Umsetzung des Lehrstoffes.

CBT
COMPUTER BASED TRAINING

CBT-Programme für IBM PCs und Kompatible gibt es auf wahlweise auf 5,25 oder 3,5-Zoll-Disketten. Bitte senden Sie mir kostenlos und unverbindlich nähere Informationen zu

- ☐ Buchführung für Anfänger
- ☐ Kosten- und Erlösrechnung
- ☐ Jahres- und Konzernabschluß
- ☐ Logistik im Unternehmen
- ☐ PC als Arbeitsgerät
- ☐ CPU-Simulation - Wie arbeitet ein Computer?
- ☐ MS-DOS 4.01
- ☐ Denken, lernen, behalten
- ☐ Kostenrechnung leicht gemacht
- ☐ Grundlagen Marketing
- ☐ Kostenbewußt kommunizieren
- ☐ Effizient Zeit nutzen
- ☐ Abfallentsorgung
- ☐ den zwölf Modulen der Reihe "Betriebswirtschaft interaktiv"

GABLER

GABLER-Verla
z. Hd. Herrn
Harald Lambri
Taunusstraße 5
6200 Wiesbade
Fax: 0611/53489

MIX
Papier aus verantwortungsvollen Quellen
Paper from responsible sources
FSC® C105338

If you have any concerns about our products,
you can contact us on
ProductSafety@springernature.com

In case Publisher is established outside the EU,
the EU authorized representative is:
**Springer Nature Customer Service Center GmbH
Europaplatz 3, 69115 Heidelberg, Germany**

Printed by Libri Plureos GmbH
in Hamburg, Germany